労働政策研究報告書 No.211
2021

70歳就業時代の展望と課題

―企業の継続雇用体制と個人のキャリアに関する実証分析―

独立行政法人 労働政策研究・研修機構
The Japan Institute for Labour Policy and Training

ま え が き

　少子高齢化が急速に進展し人口が減少する我が国は、健康寿命が世界一の長寿社会でもある。人生 100 年時代を迎えるにあたっては、経済社会の活力を維持できるよう、全ての年代の人々がその特性・強みを活かし、経済社会の担い手として活躍できることが重要であるが、特に今後の人口減少下においても増加することが見込まれる高年齢者の一層の活躍が期待されている。意欲ある高年齢者が、年齢にかかわりなく生涯現役で活躍し続けられる社会的な環境を整備することは、高年齢者自身の職業生活における希望を実現するともに、人生 100 年時代を豊かなものにするためにも極めて重要である。

　高年齢者の雇用については、高年齢者雇用安定法に基づく各種の施策が推進されてきた。65 歳までの雇用は、希望者全員の雇用確保措置の義務化を定めた 2006 年や 2013 年の法改正により、着実に進展してきている。他方、2021 年 4 月施行の改正法では、70 歳までの就業機会の確保のために、何らかの措置を講ずることが事業主の努力義務として規定されたところであり、これに対する対応も求められている。

　当機構においても、プロジェクト研究「人口・雇用構造の変化等に対応した労働・雇用政策のあり方に関する研究」の主要な柱の一つとして「高年齢者の雇用・就業に関する研究」を位置づけている。昨年度には、当該研究の一環として、企業と個人双方を対象に、高年齢者雇用・就業・キャリアの現状と課題を把握するための大規模なアンケート調査を実施した。本報告書は、主にこの 2 つの調査から得られたデータの二次分析の結果をとりまとめたものである。とりわけ、高年齢者雇用の促進という社会的な要請に対応するため、企業がどのような人事管理施策を実施し、またそれが個人の働き方にどう影響しているかに注目した研究成果が収録されている。各章の研究結果から、70 歳までの継続雇用を制度的に促進することで、企業と個人の働き方がどのような影響を受け得るかについて、多くの示唆を得ることが期待される。

　本報告書が企業経営者、人事担当者、労働者、政策担当者、高年齢者の雇用・就業問題に関心のある方々をはじめ、国民一般に活用され、高年齢者の就業の促進、さらには生涯現役社会の実現に資することができれば幸いである。

2021 年 6 月

独立行政法人 労働政策研究・研修機構

理事長　樋 口　美 雄

執筆担当者 (執筆順)

氏　名	所　属	担　当
久保　雅裕 （くぼ　まさひろ）	労働政策研究・研修機構　統括研究員	第1章
森山　智彦 （もりやま　ともひこ）	労働政策研究・研修機構　研究員	第2章、終章
藤本　真 （ふじもと　まこと）	労働政策研究・研修機構　主任研究員	第3章、第5章、第7章
福井　康貴 （ふくい　やすたか）	名古屋大学大学院環境学研究科　准教授	第4章
吉岡　洋介 （よしおか　ようすけ）	千葉大学大学院人文科学研究院　准教授	第6章

目　次

第1章　高年齢者雇用・就業の現状と課題

　少子高齢化が急速に進展し人口が減少する我が国においては、経済社会の活力を維持するため、全ての年代の人々がその特性・強みを活かし、経済社会の担い手として活躍できるよう環境整備を進めることが必要である。特に、人生100年時代を迎える中、働く意欲がある誰もがその能力を十分に発揮できるよう、高年齢者が活躍できる環境整備を図っていくことが重要である。このような中、65歳までの雇用については、高年齢者雇用安定法の改正により、2006年度より企業に対して65歳までの雇用確保措置の義務化が実施され、2013年度からは対象を原則希望者全員として着実に進展している。

　一方で、65歳以降の者については、今後の人口減少下においても増加することが見込まれており、一層の活躍が期待されているところである。意欲ある高年齢者が、年齢にかかわりなく生涯現役で活躍し続けられる社会的な環境を整備することは、高年齢者の希望を実現し、豊かな生活を可能にするためにも極めて重要である。

　こうした中で、2020年3月に雇用保険法等の一部を改正する法律案が可決、成立し、70歳までの就業機会の確保のため、現行の雇用確保措置（定年廃止・定年延長・継続雇用制度導入）に加え、新たな措置（業務委託契約を締結する制度、社会貢献活動への従事に関する制度）を設け、これらの措置のいずれかを講ずることを事業主の努力義務とすることなどを内容とする法改正が行われたところである。

　（独）労働政策研究・研修機構（以下「JILPT」という。）においては、従来より、高年齢者雇用に関する研究を行ってきたところであるが、高年齢者雇用をめぐる環境変化を踏まえ、第4期中期計画期間（2017年度〜2021年度）においては、①65歳定年及び65歳超の継続雇用の実現に向けた調査研究、②高年齢求職者の円滑な転職・再就職の実現に向けた研究、③高年齢者の多様な活躍の事例収集等の調査研究を行っているところである。高年齢者雇用については、これまでの高年齢者雇用安定法の改正によって、企業内での65歳までの雇用確保の仕組みが整備されてきた中で、今後は、特に65歳以降の高年齢者について、多様な形態で雇用・就業機会を確保していくことが重要な課題となっている。また、健康寿命の延伸に伴い、経済的な理由から働くことを希望する高年齢者や、地域でのボランティア的な就労を希望する高年齢者など、高年齢者の働き方に対するニーズが多様化する中で、こうした高年齢者のニーズの変化に対応していく視点を持つことも重要である。

　こうした認識の下、JILPTにおいては、2020年度に外部の研究者も参加する研究会（「高年齢者の雇用・就業に関する研究会」）を開催し、調査研究を進めたところである。今般の高年齢者雇用・就業に関する調査研究成果は、JILPTが過去に行った調査に加え、厚生労働省の「高年齢者の雇用状況」のデータも活用しながら、第4期中期計画期間における現段階の成果のとりまとめとして行ったものである。なお、2021年度においては、本報告書を更にブラッシュアップするとともに、新たな視点からの研究も盛り込みながら、第4期中期

計画期間中の最終的な成果としてとりまとめることを予定している。

　本章においては、まず、高年齢者雇用・就業をめぐる状況を概観し、第4期中期計画期間中の高年齢者雇用・就業に関する調査研究の流れとその成果の概要、高年齢者の雇用・就業をめぐる課題を説明した後、本書の構成並びに各章の構成及び概要を示すこととしたい。

第1節　高年齢者雇用・就業を取り巻く状況

1．人口の現状と将来推計

　我が国の総人口は、長期の減少過程に入っている。2019年10月1日現在、総人口は1億2,617万人であるが、2017年4月に国立社会保障・人口問題研究所が公表した「日本の将来推計人口」によれば、2029年に1億2,000万人を下回った後も減少を続け、2053年には1億人を割って9,924万人となり、2065年には8,808万人になると推計されている。15〜64歳人口は、1995年に8,716万人でピークを迎え、その後減少に転じ、2013年には7,901万人と1981年以来32年ぶりに8,000万人を下回り、2019年には7,505万人となった。今後も出生数の減少の影響が及び、2029年に6,951万人と7,000万人を割り、2065年には4,529万人になると推計されている。一方で、65歳以上人口は、「団塊の世代」が65歳以上となった2015年に3,387万人となり、「団塊の世代」が75歳以上となる2025年には3,677万人に達すると見込まれる。

　65歳以上人口が総人口に占める割合（高齢化率）は、1950年には5％に満たなかったが、1970年に7％を超え、1994年には14％を超えた。高齢化率はその後も上昇を続け、2019年10月1日現在、28.4％に達している。今後も総人口が減少する中で65歳以上の者が増加することにより高齢化率は上昇を続け、2036年には33.3％と総人口の3人に1人が65歳以上となることが見込まれている。

　また、65歳以上人口と15〜64歳人口の比率をみると、1950年には65歳以上の者1人に対して12.1人の現役世代（15〜64歳の者）がいたのに対して、2015年には65歳以上の者1人に対して現役世代2.3人になっている。今後、高齢化率は上昇し、現役世代の割合は低下することから、2065年には、65歳以上の者1人に対して1.3人の現役世代という比率になると見込まれる。

　このように少子高齢化が進展し、労働力不足が課題となる中で、働く意欲のある高年齢者が能力や経験を活かし、年齢にかかわりなく働くことができる生涯現役社会を実現することが重要な課題となっている。

2．高年齢者雇用・就業の動向

　2013年度より、希望者全員を対象とする65歳までの高年齢者雇用確保措置（「定年の廃止」、「定年の引上げ」、「継続雇用制度の導入」のいずれかの措置）の導入が義務化されてい

る。厚生労働省の「高年齢者の雇用状況」（2020年）により、高年齢者雇用確保措置の実施状況をみると、常時雇用する労働者が31人以上の規模の企業において実施済企業の割合は99.9%となっており、その内訳は、「定年制の廃止」により雇用確保措置を講じている企業が2.7%、「定年の引上げ」が20.9%、「継続雇用制度の導入」が76.4%となっている。このように、高年齢者雇用安定法の義務化による高年齢者雇用確保措置は着実に定着しつつある状況といえる。

　また、「継続雇用制度の導入」により雇用確保措置を講じている企業について、経過措置による基準該当者の選別の実施状況をみると、①希望者全員を対象とする65歳以上の継続雇用制度を導入している企業は74.5%、②高年齢者雇用安定法一部改正法の経過措置に基づく継続雇用制度の対象者を限定する基準がある継続雇用制度を導入している企業は25.5%となっている。

　次に、基準該当者を選別している場合も含め、66歳以上働ける制度のある企業については、報告のあった全ての企業に占める割合は33.4%となっている。企業規模別にみると、中小企業（31人～300人規模）では34.0%、大企業（301人以上規模）では28.2%となっている。また、希望者全員が66歳以上働ける企業について、報告のあった全ての企業に占める割合は12.7%となっている。企業規模別にみると、中小企業（31人～300人規模）では13.6%、大企業（301人以上規模）では4.8%となっている。一方、基準該当者を選別している場合も含め、70歳以上働ける制度のある企業については、報告のあった全ての企業に占める割合が31.5%となっている。企業規模別にみると、中小企業では32.1%、大企業では26.1%となっている。

　以上のとおり、2013（平成25）年度の改正高年齢者雇用安定法の施行に伴う、希望者全員を対象とする65歳までの雇用確保措置の義務化により、65歳までの雇用については着実に定着しつつあることが窺われる。一方、65歳を超えた雇用については、70歳まで、さらには70歳以上まで働ける企業が、基準該当者を選別している企業を含めても2～3割程度であり、人口減少社会が進展する中で、高年齢者の希望の実現や高年齢者の能力活用の観点からも大きな課題となっている。

3. 最近の政策の動き

　2017年度以降の高年齢者雇用に関連する主な政策の動きは次のとおりである。

(1)「ニッポン一億総活躍プラン」（2016年6月2日閣議決定）

　我が国の構造的な問題である少子高齢化に真正面から挑み、「希望を生み出す強い経済」、「夢をつむぐ子育て支援」、「安心につながる社会保障」の「新三本の矢」の実現を目的とする「一億総活躍社会」に向けた「ニッポン一億総活躍プラン」において、一億総活躍社会の実現に向けた横断的課題である働き方改革の一つとして、高年齢者の就業促進が取り上げら

れた。

　同プランでは、高年齢者の就業促進に関しては、①高年齢者の7割近くが65歳を超えても働きたいと願っているのに対して、実際に働いている人は2割にとどまっている、②生涯現役社会を実現するため、雇用継続の延長や定年引上げに向けた環境を整えるとともに、働きたいと願う高年齢者の希望を叶えるための就職支援を充実する必要がある、③人口が減少する中で我が国の成長力を確保していくためにも、高年齢者の就業率を高めていくことが重要である、との認識の下で、①将来的に継続雇用年齢や定年年齢の引上げを進めていくためには、そのための環境を整えていく必要がある、②企業の自発的な動きが広がるよう、65歳以降の継続雇用延長や65歳までの定年延長を行う企業等に対する支援を実施し、企業への働きかけを行う、③継続雇用延長や定年延長を実現するための優良事例の横展開、高年齢者雇用を支える改正雇用保険法の施行、企業における再就職受入支援や高年齢者の就労マッチング支援の強化などを進める、といった内容が盛り込まれた。

(2)「働き方改革実行計画」(2017年3月28日働き方改革実現会議決定)

　「少子高齢化に伴う生産年齢人口の減少」「育児や介護との両立など、働く方のニーズの多様化」などの状況に直面する中で、投資やイノベーションによる生産性向上とともに、就業機会の拡大や意欲・能力を存分に発揮できる環境をつくることが重要な課題になっており、こうした課題の解決のため、働く人の置かれた個々の事情に応じ、多様な働き方を選択できる社会を実現し、一人ひとりがより良い将来の展望を持てるようにすることを目指し、「働き方改革実行計画」がとりまとめられた。

　同計画では、高年齢者の就業促進に関しては、労働力人口が減少している中で我が国の成長力を確保していくためにも、意欲ある高年齢者がエイジレスに働くための多様な就業機会を提供していく必要があるとの認識の下で、①65歳以降の継続雇用延長や65歳までの定年延長を行う企業への支援を充実し、将来的に継続雇用年齢等の引上げを進めていくための環境整備を行っていくこと、②2020年度までを集中取組期間と位置づけ、助成措置を強化するとともに、新たに策定した継続雇用延長や定年延長の手法を紹介するマニュアルや好事例集を通じて、企業への働きかけ、相談・援助を行っていくこと、③集中取組期間の終了時点で、継続雇用年齢等の引上げに係る制度の在り方を再検討すること、などが盛り込まれた。

(3)「人づくり革命基本構想」(2018年6月13日人生100年時代構想会議とりまとめ)

　人生100年時代を見据えた経済社会システムを創り上げるための政策のグランドデザインを検討するため、2017年9月に設置された「人生100年時代構想会議」(議長：内閣総理大臣)において議論が行われ、2018年6月に「人づくり革命基本構想」がとりまとめられた。

　同構想の中で、高年齢者雇用の促進については、①意欲ある高年齢者に働く場を準備する

ことは、働きたいと考える高年齢者の希望をかなえるためにも、人口減少の中で潜在成長力を引き上げるためにも、官民挙げて取り組まなければならない国家的課題であり、②年齢による画一的な考え方を見直し、全ての世代の人々が希望に応じて意欲・能力を活かして活躍できるエイジフリー社会を目指す、との認識に基づき、65歳以上への継続雇用年齢の引上げに向けて環境整備を進めることなどが盛り込まれた。

(4) 成長戦略実行計画（2019年6月21日閣議決定）

　成長戦略について検討する未来投資会議（議長：内閣総理大臣）において、2018年10月以降、Society5.0の実現、全世代型社会保障への改革、人口減少下での地方施策の強化が主なテーマとされて、このうちの全世代型社会保障への改革の一環として、70歳までの就業機会確保について議論が行われ、2019年6月に成長戦略実行計画がとりまとめられた。

　同計画では、65歳から70歳までの就業機会確保については、65歳までと異なり、それぞれの高年齢者の特性に応じた活躍が可能となるよう、多様な選択肢を法制度上整えることを検討することとされ、その法制度上の選択肢のイメージとしては、①定年廃止、②70歳までの定年延長、③継続雇用制度導入（現行65歳までの制度と同様、子会社・関連会社での継続雇用を含む）、④他の企業（子会社・関連会社以外の企業）への再就職の実現、⑤個人とのフリーランス契約への資金提供、⑥個人の起業支援、⑦個人の社会貢献活動参加への資金提供、の7つが想定しうるとされた。

　また、法制整備は二段階に分けることが適切であるとされ、第一段階においては、法制度上、上記の7つの選択肢を明示した上で、70歳までの就業機会確保の努力規定とし、第一段階の実態の進捗を踏まえて、第二段階として、現行法のような企業名公表による担保（いわゆる義務化）のための法改正を検討することとされた。

　さらに、65歳までの雇用確保措置を義務化している現行法制度の改正は検討しないこととし、労働政策審議会における審議を経て、2020年の通常国会に第一段階の法案提出を図ること、70歳までの就業機会の確保に伴う年金支給開始年齢の引上げは行わないことなどが盛り込まれた。

(5) 労働政策審議会における審議（2019年12月25日）

　労働政策審議会は、2019年9月27日から職業安定分科会雇用対策基本問題部会において議論を重ねた結果、同年12月25日に今後の高年齢者の雇用・就業機会の確保及び中途採用に関する情報公表について建議を行った。

　この建議においては、高年齢者の雇用・就業機会の確保に関しては、①65歳までの希望者全員の雇用確保措置の導入に向けた取組を引き続き行うことが必要であるとともに、②70歳までの就業機会の確保のため、現行の雇用確保措置（定年廃止・定年延長・継続雇用制度導入）に加え、新たな措置（他企業への再就職、フリーランスや起業による就業、社会

貢献活動への従事に関する制度）を設け、これらの措置のいずれかを講ずることを事業主の努力義務とすることが適当であるとし、厚生労働省において、法的整備も含め所要の措置を講ずることが適当であるとしている。

(6) 高年齢者雇用安定法の改正（2021 年 4 月施行）

　高年齢者の就業機会の確保及び就業の促進のための高年齢者雇用安定法及び雇用保険法の改正に加え、複数就業者等に関するセーフティネットの整備や、失業者、育児休業者等への給付等を安定的に行うための基盤整備等のための関係法律の改正を盛り込んだ「雇用保険法等の一部を改正する法律案」が 2020 年 2 月 4 日に国会に提出され、同年 3 月 31 日に成立した。この改正法による改正内容のうち、65 歳から 70 歳までの高年齢者就業確保措置に係る部分については、2021 年 4 月施行とされている。

第 2 節　JILPT の調査研究活動の流れと研究成果（第 4 期中期計画期間）

1.　JILPT の調査研究活動の流れ（第 4 期中期計画期間）

　第 3 期中期計画期間（2012 年度〜 2016 年度）においては、当初は 65 歳までの雇用確保のための条件を明らかにすることが主な研究対象であったが、2013 年度からの改正高年齢者雇用安定法の施行に伴い、① 65 歳までの雇用に関しては、雇用確保よりも賃金制度も含めた雇用管理や生産性の向上に研究の重点が移り、②継続雇用などの雇用確保に関しては、65 歳以降の高年齢者が研究の中心となっていた。

　第 4 期中期計画期間（2017 年度〜 2021 年度）においては、第 3 期中期計画期間の研究成果も踏まえて、① 65 歳定年及び 65 歳超の継続雇用の実現に向けた調査研究、②高齢求職者の円滑な転職・再就職の実現に向けた研究、③高年齢者の多様な活躍の事例収集等の調査研究を行うこととした。

　2017 年度においては、第 3 期中期計画期間におけるアンケート調査（高年齢者の雇用に関する調査（企業調査）、60 代の雇用・生活調査）の二次分析を行い、ディスカッションペーパー 18-01「労働市場の態様を軸とした 65 歳以降の雇用に関する一考察」（2018 年 2 月）をとりまとめた。また、2017 年度及び 2018 年度において、地方自治体における高年齢者の多様な活躍の好事例を収集し、資料シリーズ No.198「高齢者の多様な活躍に関する取組 ―地方自治体等の事例―」（2018 年 3 月）及び資料シリーズ No.212「高齢者の多様な活躍に関する取組Ⅱ―地方自治体等の事例―」（2019 年 3 月）をとりまとめた。

　2019 年度においては、高年齢者雇用対策の制度改正を検討するための基礎資料とするための厚労省からの調査依頼も踏まえ、企業に対するアンケート調査（高年齢者の雇用に関する調査（企業調査））及び個人に対するアンケート調査（60 代の雇用・生活調査）を実施し、その結果を調査シリーズ No.198「高年齢者の雇用に関する調査（企業調査）」（2020 年 3 月）、

調査シリーズ No.199「60 代の雇用・生活調査」（2020 年 3 月）としてとりまとめた。

　2020 年度においては、外部の有識者も研究に参加し、2019 年度までの調査結果などを活用しながら、今般、労働政策研究報告書をとりまとめたところである。また、2021 年度においては、第 4 期中期計画期間の最終年度に当たることから、今般の労働政策研究報告書をさらにブラッシュアップするとともに、新たな視点からの研究も盛り込みながら、第 4 期中期計画期間中の成果としてとりまとめることを予定している。

「高年齢者の雇用・就業に関する研究会」メンバー表
福井康貴　名古屋大学大学院環境学研究科准教授
吉岡洋介　千葉大学大学院人文科学研究院准教授
大隈俊弥　労働政策研究・研修機構統括研究員（2020 年 8 月まで）
久保雅裕　労働政策研究・研修機構統括研究員（2020 年 9 月以降）
藤本真　　労働政策研究・研修機構主任研究員
森山智彦　労働政策研究・研修機構研究員

2．これまでの研究成果の概要（第 4 期中期計画期間）

　第 4 期中期計画期間における高年齢者雇用・就業に関するこれまでの研究成果の概要は以下のとおりである。

（1）ディスカッションペーパー 18-01「労働市場の態様を軸とした 65 歳以降の雇用に関する一考察」（2018 年 2 月）

　65 歳以降の高年齢者が意欲に応じて働ける社会を実現するためには、継続雇用と中途採用、すなわち内部労働市場と外部労働市場の双方の機能をできる限り活用しなければならないとの認識の下、第 3 期中期計画期間中に実施したアンケート調査の二次分析により、内部労働市場・外部労働市場の状況把握と、65 歳以降の雇用を促進する規定要因の析出を試みた。その結果、以下の事項が判明した。

①65 歳以降で希望者全員を雇用する企業は 1 割程度に過ぎず、65 歳以降の雇用があり得る企業の割合との間には大きな差がある。また、65 歳以降の中途採用を活用する企業は、前者と大きくは重ならないが、後者とはかなりの部分が重なっている。

②定年を境とした賃金の低下を抑制することは、65 歳以降の継続雇用を推進する要因たり得る。これは継続雇用のみならず、中途採用にも有用であることが示唆される。

③継続雇用では 60 歳前後の仕事内容の変化が、中途採用では過去における職務能力分析の実施などが、仕事満足度や賃金と関連している旨が示唆される。

（2）資料シリーズ No.198「高齢者の多様な活躍に関する取組―地方自治体等の事例―」（2018
　年3月）

　厚生労働省の生涯現役促進地域連携事業に参加している8自治体等についてヒアリングを
実施し、特徴のある取組（コーディネーターの活躍、農業分野の取組など）を収集した。ま
た、ヒアリング事例から、地域における高年齢者の活躍を支援するために、同事業を実施す
る上でのポイント（地域の関係者の連携体制の構築、高年齢者へのアウトリーチ、就労先の
開拓（コーディネーターの確保）、高年齢者への啓発、就労先への啓発）を整理した。

（3）資料シリーズ No.212「高齢者の多様な活躍に関する取組Ⅱ―地方自治体等の事例―」
　（2019年3月）

　厚生労働省の生涯現役促進地域連携事業を実施している7自治体等にヒアリングを実施
し、それぞれの地域の課題に対応した特徴のある取組を収集した。また、各自治体等の取組
を通じて、次のような整理を行うことが可能である。

①同事業を実施する自治体のほとんどは生きがい的就労をターゲットとしており、高年齢者
　の利用する媒体や施設等に着目して事業を周知しているケースが多いこと。

②自治体による周知の取組によって情報を得た高年齢者のゲートウェイとなるのが、各種ワ
　ンストップセンターやセミナーであること。

③高年齢者のニーズと地域資源等に由来する地域の就労機会との間には隔たりがあるのが通
　常であり、そのギャップを埋めるためにコーディネーターの果たす役割が大きいこと。
　実際に、就労機会を高年齢者のニーズに合わせる取組（業務の切出し、ワークシェアリ
　ング、作業負担の軽減）と高年齢者の意識改革につながる取組の双方が行われているこ
　と。

（4）調査シリーズ No.198「高年齢者の雇用に関する調査（企業調査）」（2020年3月）

　本調査は、高年齢者雇用安定法（注：2020年改正法による改正前のもの）の下で、高年
齢者の雇用管理の実態や企業の意向を把握するために実施したものである。その主な調査結
果は以下のとおりであり、60代前半については50代までとあまり変わらない戦力として位
置づける企業が増加するとともに、60代後半についても企業の雇用の意識が変化している
様子がうかがえる。

①60代前半の継続雇用者の雇用形態は、「嘱託・契約社員」、「正社員」、「パート・アルバ
　イト」の順に多いが、2015年調査と比べると、正社員の割合が若干上昇し、定年前後
　の仕事内容が変わらないとする企業の割合が上昇した。

②65歳以降の高年齢者が希望すれば全員働くことができる企業の割合が上昇し、働くこと
　ができない企業の割合が低下した。

③65歳以降も働くことができる企業のうち、実際に雇用している企業の割合は上昇した。

職種面では、専門・技術職を雇用している企業が 45.5% を占めている。

④ 60 代後半層を対象とする雇用確保措置を実施または予定している企業は、全体の 46.0% である。また、70 歳以上対象の措置を実施・予定しているのは、そのうち 56.6% である。

(5) 調査シリーズ No.199「60 代の雇用・生活調査」（2020 年 3 月）

　本調査は、高年齢者雇用安定法（注：2020 年改正法による改正前のもの）の下での高年齢者雇用確保措置の実施状況や高年齢者の就業・生活に関する実態を把握することを目的に実施したものである。その主な調査結果は以下のとおりである。

① 60 代の高年齢者における就業者の割合が上昇。就業者のうち、雇用者の割合が上昇し、自営の割合は低下。男性 60 〜 64 歳層の「正社員」及び「普通勤務（フルタイム）」の割合が上昇した。定年経験者のうち、定年直後に就業していた者の割合が上昇した。定年未経験者のうち、「定年前退職」の割合が低下し、「現在も勤務」の割合が増加した。

② 60 代前半層の者のうち、65 歳以降も働きたいとする者が増加した。

第 3 節　高年齢者雇用・就業をめぐる課題

　本報告書は、厚生労働省の「高年齢者の雇用状況」と、JILPT の 2 本の調査を用いて行った二次分析を中核としている。二次分析の対象とした調査のうち、厚生労働省の調査は、法的に義務付けられた定年延長や継続雇用制度の導入など雇用確保措置の履行状況等を主な内容とするのに対し、JILPT 調査は、企業における継続雇用制度等の具体的運用のほか、関連する賃金・人事労務管理等の実施状況や問題点、意識面を含む高年齢者個人の対応状況などを広く内容としている。二次分析の詳細は、以下の各章にゆずり、ここでは、特に二次分析の基となった 2 本の JILPT 調査から、以下の章にも関連する継続雇用制度の運用状況や企業・個人の対応状況を概観し、高年齢者雇用・就業をめぐる課題を検討する。その際、課題を、「60 代前半を中心とした高年齢者の雇用の課題」、「60 代後半以降又は高年齢者全般の雇用の課題」、「高年齢者の活躍や公的制度の課題」の 3 つのグループに分けて整理する。

　JILPT の 2 本の調査概要は、第 1-3-1 表に示した通りである。この第 3 節では、「高年齢者の雇用に関する調査（企業調査）」を「JILPT 企業調査」、「60 代の雇用・生活調査（個人調査）」を「JILPT 個人調査」と呼ぶこととする。

第 1-3-1 表　高年齢者の雇用に関する調査と 60 代の雇用・生活調査の概要

調査名	高年齢者の雇用に関する調査 （企業調査）	60 代の雇用・生活調査 （個人調査）
対象	・常用労働者 50 人以上を雇用している企業 20,000 社。 ・ただし農林、漁業、鉱業、複合サービス業、公務は除く。	・60 〜 69 歳の 5,000 人（個人を対象） ・就業構造基本調査（2017 年）における年齢階層別・性別の雇用者数及び自営業主数に基づき、年齢階層別・性別の調査対象者数を次のように設定 ① 60 〜 64 歳：男性 1,600 人、女性 1,100 人 ② 65 〜 69 歳：男性 1,400 人、女性 900 人
抽出	・東京商工リサーチが保有する企業データベースに基づき、「経済センサス」（H26 年基礎調査）の産業・従業員規模に合わせて比例割当層化無作為抽出法によって抽出した。 ・なお、業種は 14 業種（農林、漁業、鉱業、複合サービス業、公務を除く）、従業員規模は 4 区分（50 〜 99 人、100 〜 299 人、300 〜 999 人、1000 人以上）とした。	住民基本台帳から層化二段系統抽出法により抽出。
方法	郵送調査	訪問留め置き法
時期	2019 年 5 月 20 日〜 6 月 30 日 調査時点は 2019 年 5 月 1 日	2019 年 7 月〜 8 月 調査時点は 2019 年 6 月 1 日
回収状況	有効回収数：5,891 有効回収率：29.5%	有効回収数：2,883 有効回収率：57.7%

出所）高年齢者の雇用に関する調査（企業調査）は JILPT（2020a,p1）から、60 代の雇用・生活調査は JILPT（2020b,p1）から抜粋。

1．60 代前半を中心とした高年齢者の雇用の課題

　2013（平成 25）年度からの改正高年齢者雇用安定法の施行により、希望者全員を対象とする 65 歳までの雇用が義務化され、60 代前半層の雇用確保は制度的に着実に定着している。一方、今後の人生 100 年時代を迎えるに当たっては、働く意欲を有する高年齢者が十全に能力を発揮でき、生産性を高めながら豊かな生活を実現できることが重要であり、義務化を通じて実現した 65 歳までの継続雇用体制が有効に機能することは、今後、70 歳までの雇用・就業機会を確保していく上でも必須の基礎と考えられる。

　こうした視点から、ここでは 60 代前半層の高年齢者の雇用管理、賃金制度などについて、定年前の相談や評価制度、定年後の賃金低下という傾向について、60 代前半の賃金・雇用管理制度の課題を検討する。

（1）60 代前半層の高年齢者の雇用管理、賃金制度

　2013 年に 65 歳までの継続雇用の体制が確立したところであるが、企業は 60 代前半層の高年齢者が意欲と能力に従い活躍できる雇用管理を実現できているだろうか。

ア．キャリアの相談機会

「JILPT 個人調査」で定年到達者等のうちその後も仕事をした人に「定年前に働いていた会社での高齢期のキャリアの相談の機会」の有無について尋ねたところ、「なかった」と回答した人が 51.6% であり、「あった」とする人の 42.5% を上回っている。また、年齢階層別には、65 〜 69 歳層で「なかった」とする人が 55.2%、また性別には、女性は「なかった」が 58.3% とするものが多い。他方、相談の結果の満足度については、「一定程度、満足している」が 70.7% と最も高く、「非常に満足している」と「不満である」がいずれも 14.0% となっており、個別相談の満足度は高くなっている。

相談の結果、「非常に満足している」「一定程度、満足している」と回答した人に、満足している理由を尋ねたところ、「定年後の仕事内容や条件について、一定程度、希望が受け入れられた」が 69.0% と最も高くなっている。また、「希望は受け入れられなかったが、自分の話を聞いてもらえたから」11.6% など、希望を受け入れられなくても満足しているという同趣旨の回答を合計すると 24.8% いる結果となっている。

65 歳までの雇用が義務化され、継続雇用の体制が定着する中にあって、現状、定年前後で雇用形態や職務内容などが大幅に変化するケースも多いと想定される。そのような場合でも、高年齢労働者が納得して働き続けるためには、会社側から十分な相談・説明が不可欠と思われるが、調査結果では、高年齢期、定年に向けての相談の機会が持たれていない企業も多いことが示されている。他方、労働者の側からみて、たとえ希望が受け入れられない場合でも、会社側が相談の機会を持ってくれたことに満足している人の割合も高い結果となっている。

イ．評価制度の導入状況

「JILPT 企業調査」で高年齢者の仕事に対する評価制度の導入状況をみると、「導入済」の企業が 29.3%、「導入を検討中」の企業が 23.9% に対して、「導入する予定はない」と答えた企業は全体の 40.2% と最も多かった。業種別にみると、金融・保険業の 51.8% が既に導入しているのに対して、運輸業や教育・学習支援業では導入の予定がない企業の割合が高い。また、規模の小さい企業ほど導入を予定していない。

また、評価制度を既に導入している企業での評価結果の活用方法は、58.6% の企業は「評価結果に基づき個別面談等を行い、賃金を改定」していた。それに対して、20.1% は「評価結果に基づき個別面談等行うものの賃金には反映せず」、8.1% は「評価は行うものの、個別面談等を行わず賃金にも反映していなかった」。従業員規模では、100 人未満の企業でも 60.5% が面談等を通して評価を賃金に活かしており、単純に規模間の差というよりも、個別企業ごとの方針の違いが表れている。

ウ．定年後の賃金低下の傾向

「JILPT 個人調査」で定年後も同じ会社で継続して仕事をした人について、定年に到達した直後の賃金額の変化についてみると、82.3% が賃金額は減少したと回答しており、その減少率は、「41 〜 50%」が 23.6% と最も多くなっている。

定年あるいは早期退職直後の賃金低下についての考えを尋ねたところ（複数回答）、是認的な意見として「雇用が確保されるのだから賃金の低下はやむを得ない」31.9%、「仕事によって会社への貢献度は異なるので賃金が変わるのは仕方がない」17.6%、「仕事は全く別の内容に変わったのだから、賃金の低下は仕方がない」16.6% となっている。一方、否認的な意見として「仕事がほとんど変わっていないのに、賃金が下がるのはおかしい」27.2%、「会社への貢献度が下がったわけではないのに賃金が下がるのはおかしい」18.6%、「仕事の責任の重さがわずかに変わった程度なのに下がりすぎだ」16.3%、「在職老齢年金や高年齢雇用継続給付が出るといって下げるのはおかしい」11.0% となっている。否認的な意見の合計が 73.1%、是認的な意見の合計が 68.7% となっており、ほぼ拮抗しているが、是認的な意見よりも否認的な意見の方が若干多くなっている。

高年齢労働者が能力発揮を求められる中で、十分納得して働くためには、能力の発揮や向上が評価され、反映される賃金制度の構築は喫緊の課題であり、60 歳以降の大幅な賃金低下の問題も含めて、賃金のあり方を再検討していく必要がある。

(2) 同一労働・同一賃金の問題

労働契約法第 20 条に定める有期契約労働者に対する「不合理な労働条件の禁止」は、同一の使用者と労働契約を締結している有期契約労働者と無期契約労働者との間で、期間の定めがあることにより不合理に労働条件を相違させることを禁止するものである。定年後又は60 歳以降も仕事をした人について、「仕事の内容の変化の有無」をみると、「仕事内容は変化していない」57.2% が最も多く、「同じ分野の業務ではあるが、責任の重さが変わった」20.7% と続いている。前述のように定年前後で賃金が大きく下がる例もみられるが、業務内容や責任が同じであるにも関わらず、契約期間の定めがある雇用契約に変更したことを理由に賃金を低下させている場合には、労働契約法第 20 条との関係が出てくる可能性もあると考えられる。

2．60 代後半以降又は高年齢者全般の課題

希望者全員を対象とする 65 歳までの雇用が義務化を経て、正社員での活用など高年齢者の戦力化が図られてきているが、高年齢者がこれまで培った知識・経験を十分に生かしていくためには、企業における 65 歳以降の雇用を促進する必要がある。特に、より長くなった職業生活を豊かなものとするには、生涯にわたる職業キャリアの視点から、高年齢期に入る前からの職業能力開発などの準備が重要である。ここでは、①企業における 65 歳以降の継

続雇用、②高年齢期に向けた能力開発について、動向と課題を検討する。

（1）企業における 65 歳以降の継続雇用

　労働者がこれまで培った知識・経験を更に生かしていくためには、義務化を通じて実現した 65 歳までの継続雇用体制の実態を踏まえ、これを基礎とした企業における 65 歳以降の継続雇用や定年延長を効果的に促進していくことが重要である。現状では、66 歳以降さらには 70 歳以上まで働ける企業の割合（必ずしも希望者全員ではない）は 3 割程度に過ぎない。65 歳を超える継続雇用制度の普及を図る上では、継続雇用の運用実態を踏まえて必要な見直しを検討する必要がある。

　「JILPT 企業調査」により、「希望すれば 65 歳以降も働き続けることができるか」を尋ねると、「希望者全員が働ける」は 21.8% にとどまる一方、最も多いのは「希望者のうち基準に該当した者のみ働くことができる」の 58.0% となっている。また「働くことができない」も 17.3% あるが、産業による違いがみられ、金融業の 6 割、情報通信業は 5 割の企業が「働くことができない」としている。「希望者のうち基準に該当した者のみ働くことができる」場合の基準の内容を複数回答で尋ねると、8 割以上の企業が「健康上支障がないこと」、「働く意思・意欲があること」を挙げ、また 6 割以上が「会社が提示する労働条件に合意できること」、「会社が提示する職務内容に合意できること」を条件に挙げている。

　次に、雇用確保措置の実施状況をみると、60 代後半層の雇用確保措置について「実施または予定あり」46.0%、「なし」が 51.1% と拮抗している。70 代前半層については、60 代後半層で「あり」とした企業のうち、「実施または予定あり」は 56.6%、「なし」は 39.9% と雇用確保措置の実施は縮小する。さらに、雇用確保措置について「実施または予定あり」とした場合の実施内容は、いずれの年齢層でも、65 歳までの継続雇用の義務化で対象としてきた定年や継続雇用の上限年齢などの制度の変更を内容とするものは多くなく、「上記 4 つの措置以外で働くことができる仕組み」と回答する割合がより高い。

　雇用確保措置について「実施または予定あり」とする企業での 60 代後半層、70 代前半層の「雇用確保措置を実施する場合に必要な取組み」についての回答（複数回答）としては、「高年齢者の健康確保措置」が 60 代後半層で 32.8%、70 代前半層で 39.0% と高く、また「継続雇用者の処遇改定」も 60 代後半層で 37.0%、70 代前半層で 32.1% が 3 割を超えて高くなっている。また、「全社的な賃金制度の見直し」、「全社的な人事制度の見直し」といった全体に及ぶ制度改革などが各年齢層で 1 ～ 2 割程度となっている。他方で、「特に必要な取組はない」との回答も 2 割程度と高い。

　このように、65 歳以降の継続雇用を促進していくためには、「高年齢者の健康確保措置」は基礎として重要であり、高年齢者を直接の対象とする「継続雇用者の処遇改定」も重要であるが、より広く、全社にわたる賃金・人事制度改革を内容とする取組みの割合が高くなってきている。全社的な視点に立って、高年齢者が健康で能力を発揮できるよう制度の見直し

と再構築が企業にとって大きな課題となっている。

（2）高年齢期に向けた能力開発

「JILPT企業調査」により、企業における60歳に到達する前の正社員を対象とした能力開発（研修）の実施状況をみると、回答企業のうち、能力開発を行っているのは1.8%とごくわずかである。業種による実施率に大差はなく、従業員規模別では従業員数1,000人以上の大企業における実施率は6.6%とわずかに高い。

能力開発を実施している企業に対して、実施を始める年齢を尋ねたところ、「50歳以下」が23.1%と最も多く、「50代前半」が11.5%、「59歳」が9.6%、「56〜58歳」は1.9%と限定的であり、実施の目的は、「蓄積してきたスキルやノウハウをさらに伸ばすため」（61.5%）が最も多いが、「60歳以降、継続雇用の際の基本的な心構えのため」（53.8%）、や「予想される仕事の変更に対応するため」（43.3%）、「職場でのコミュニケーションのため」（33.7%）、「管理職経験者等に対する意識改革のため」（28.8%）となっているが、退職・引退前の短い継続雇用期間の働き方を前提したものが多い。実施状況を考えると、長期化する職業生涯でのキャリア発展や高年齢期の能力開発といった視点は普及していないと考えられる。

他方、「JILPT個人調査」により、高年齢者に対して高年齢期のキャリアを意識して行った職業能力開発や転職準備等について尋ねた結果（複数回答）では、「特に実施したことがない」が65.4%と最も多い。これに次いで「資格を取得するために自分で勉強したことがある」（12.8%）などのほか、資格を内容とする回答が続くが、7%程度とわずかにとどまる。さらに、「取り組んだことがない」理由としては、「そもそも職業に就くつもりがなかったため」が34.7%と最も多く、「定年制がない。もしくは、定年後は今の会社に継続雇用か他社に就職斡旋してもらうつもりだったため」（22.8%）が続いている。高年齢者の側も、企業と同様に短期間の後に退職・引退することを想定した回答となっており、また会社に依存した対応が中心となっている。

現状では、高年齢期に入る前から十分な職業能力開発が企業、個人ともにできているとは言えない。高年齢者の就労促進や戦力化を図るためには、高年齢期の職業能力開発も含め、職業生涯にわたるキャリア発展を視野においた能力開発の取組みが重要である。

（3）就業希望の高年齢者の就職促進

「JILPT個人調査」によると、60代前半層の不就業者の割合は29.8%、60代後半層は49.9%となっている。このうち、仕事をしたいと思いながら、仕事に就けなかった者は、不就業者のうち60代前半層で31.1%、後半層で24.2%となっている。特に、男性の60代前半層の不就業者のうち、40.8%が就業を希望している。人口減少社会の進展が見込まれる中、就業を希望していながら就業できていない者を就職に結び付けていくことは重要な課題である。

また、60〜64歳で働いている人を対象に65歳以降の仕事の継続を尋ねたところ、「採用

してくれる職場があるなら、ぜひ働きたい」が30.5％と最も多く、次に「まだ決めていない。分からない」が27.2％、「すでに働くことが（ほぼ）決まっている（誘い・雇用契約がある）」が25.6％と続いている。同様に、65歳以上で働いている人を対象に、70歳以降の就業継続意向を尋ねたところ、「まだ決めていない。わからない」が28.9％と最も多く、次に「年金だけでは生活できないので、なお働かなければならない」が26.9％、「生きがいや健康のために、元気な限り働きたい」が22.4％と続いている。

このように、高年齢者の中には、「積極的に働きたい」、又は「引退するつもり」という回答のほかに、「まだ決めていない、わからない」と回答する人も多く存在しており、元気で働ける状態の高年齢者に働いてもらうよう動機づけしていくことも重要と思われる。他方で、「年金だけでは生活できないので、なお働かなければならない」とする回答も高い。

3. 高年齢者の活躍や公的制度の課題

人口減少社会が進展する中で、日本の活力を維持していくためには、高年齢者が雇用という形態に限らず、様々な形で活躍していくことが重要である。また、こうした高年齢者の多様な活躍を可能とするためには、年金制度などの公的制度が活躍を支えるような仕組みを整備する必要がある。ここでは、多様な形態による高年齢者の活躍やそれを支える公的制度の課題を検討することとしたい。

（1）多様な形態による高年齢者の活躍

人口減少社会が進展する中で、高年齢者が活躍し、社会の活力を維持していくためには、高年齢者が雇用という形態のみならず、様々な形で活躍していくことが重要である。「JILPT企業調査」では、「65歳以上層の雇用・就業のあり方に関する企業の考え方」を60代後半層と70代前半層に分けて尋ねている。その結果、「高年齢者は、会社の基準を設けて適合者を雇用したい」が60代後半層で57.5％、70代前半層で45.3％、「企業として希望者全員をできるだけ雇用したい」が60代後半層で42.7％、70代前半層で18.9％と企業での雇用をより期待する回答が多くみられる。他方、「雇用より、シルバー人材センターを利用してほしい」が60代後半層で4.6％、70代前半層で8.5％、「雇用より、地域のボランティア活動で活躍してほしい」が60代後半層で3.9％、70代前半層で8.7％との回答があったほか、「高年齢者の創業を支援したい」という回答も60代後半層で2.8％、70代前半層で1.3％みられる。

企業における雇用については、65歳までの雇用は義務化を通じて定着しているが、それを超える60代後半層、70代前半層については、「雇用したい」との声もあるものの、業種、職種、個々の企業の年齢構成などによって現状は企業の高年齢者雇用の考え方は様々に分かれている。どのような産業等において高年齢者の雇用の場を拡充できる可能性があり、そのためにはどのような取組みが必要か、実態に即して十分に検討する必要がある。他方、

2021 年 4 月施行の改正高年齢者雇用安定法では、70 歳までの高年齢者就業確保措置として、これまでの雇用確保措置（定年廃止・定年延長・継続雇用制度導入）に加え、新たな措置（業務委託契約を締結する制度、社会貢献活動への従事に関する制度）を設け、これらの措置のいずれかを講ずることを事業主の努力義務としている。引き続き企業での継続雇用など雇用機会の確保が重要であるが、高年齢者の活躍の場を雇用だけに限定することなく、併せて様々な形で活躍してもらうための具体的な方策を検討していく必要がある。

（2）高年齢者の雇用と年金等公的制度
ア．高年齢雇用継続給付の効果
　高年齢雇用継続給付は、60 歳以降の継続雇用を促進するために導入された制度であるが、高年齢雇用継続給付の存在によって、逆に、同給付を最大限受給するために、高年齢者の賃金を削減しているという指摘もある。「JILPT 企業調査」で高年齢雇用継続給付の支給の有無を見ると、回答企業全体のうち支給を受けている人がいる企業は 42.6% と半数を割っている。また、高年齢雇用継続給付が支給される場合、支給対象となっている従業員の賃金の調整を行うかを尋ねると、80.5% は賃金の調整は行わず、支給額と同額または一部を賃金で調整しているのは 16.4% だった。特に従業員規模の大きな企業ほど、賃金による調整を行っていない。

　他方、高年齢雇用継続給付の支給が雇用継続を決める要因になったかを尋ねると、「ならなかった」と回答した企業が 67.3% に上り、少しでも「決定要因となった」と回答したのは受給者がいる企業の 31.1% ほどだった。特に従業員数の多い企業ほど、この給付が雇用継続の決定要因になっていない。今後、60 代前半層の望ましい賃金制度を検討するに当たっては、高年齢者雇用継続給付の雇用や賃金に与える影響等も含めて検討する必要があろう。

イ．高年齢者の年金の受給実態と雇用について
　年金の支給開始年齢については、2013（平成 25）年度に老齢厚生年金の定額部分の支給開始年齢が 65 歳に達し、報酬比例部分も 65 歳に向けて引上げが開始されている状況である。報酬比例部分の支給開始年齢も、男性の場合（女性の場合は 5 年遅れ）、2013（平成 25）年度から 61 歳、2016（平成 28）年度から 62 歳へと 3 年ごとに引き上げられている。2013（平成 25）年度に施行された改正高年齢者雇用安定法により、希望者全員を対象とする 65 歳までの雇用が義務化されたが、対象者を限定する基準を定めていた事業主については年金の引上げスケジュールと同様の経過措置が設けられている。これは、雇用から年金への接続（円滑な移行）を意図した改正といえよう。

　しかしながら、「JILPT 個人調査」によると、老齢厚生年金の受給資格が「ある」と回答した人は、60 代前半層で 48.1%、60 代後半層で 53.2% にとどまる。さらに、厚生年金の受給月額について尋ねたところ、受給資格のない人もいるため「記入なし」が半数を超えて

いるが、受給している人の半数以上は、「10万円未満」となっている。このような状況も踏まえると、雇用から年金への接続（円滑な移行）ができているかという観点に加えて、そもそも年金の受給資格がない、あるいは年金だけでは生活できないという層に対する対策も重要と考えられる。

また、フルタイム就労をする高年齢者の中には、年金だけでは生活できず、定年等の後に賃金が減少するためフルタイム就労せざるを得ない人もいると考えられる。企業の賃金・人事管理の実態と年金等の公的制度の双方の実態を踏まえて高年齢者の雇用・就業対策を考える必要がある。

ウ．在職老齢年金と雇用の関係

高年齢者が仕事をして賃金収入がある場合、在職老齢年金として支給される。60代前半層と65歳以降の在職老齢年金の仕組みは若干異なるが、いずれの場合においても、働いて得た収入金額との関係によっては、年金支給額がカットされる可能性がある。この場合、高年齢者の戦力化を通じて60歳以降の賃金を大幅に減額しないという企業が増える場合には、逆に在職老齢年金により、年金を大幅に減額されるケースも想定される。他方、2020年に改正された厚生年金法では、年金の減額率を引き下げる改正がなされている。また、繰り下げ受給可能な年齢の範囲を、従来の70歳から75歳まで広げたことにより就労の仕方の選択肢が広がり、年金月額の増加も可能となるなど、就労するメリットがより大きくなっている。

人口減少社会が進展し、労働力人口が減少する中で、公的年金制度を持続可能なものとしつつ、人生100年時代に向けてより長くなった職業生涯を豊かなものとする上で、雇用・就業も含む諸制度が、就業を抑制せず、就業意欲・能力のある高年齢者の活躍を支援するものへと調整していく必要がある。

第4節　各章の概要

高年齢者雇用安定法に基づき義務付けられた雇用確保措置を通じて希望者全員を対象とした65歳までの継続雇用が実現してきており、2021年4月施行の改正高年齢者雇用安定法では70歳までの雇用・就業確保措置が企業の努力義務となっている。さらに人生100年時代を迎えるに当たっては、健康寿命の延伸にともなってより長くなった職業生涯において意欲と能力を有する高年齢者の一層の活躍が期待されるが、企業における継続雇用の体制はその重要な土台である。

JILPT第4期中期計画にあって、高年齢者雇用研究は、60代後半の継続雇用体制の在り方に視点を移してきたが、法改正により70歳までの雇用・就業体制の確保が課題になる中で、企業における60代後半の継続雇用の拡大、その確実な基礎として60代の雇用体制が十全に機能し、働く高年齢者の職業キャリアの発展や働きがい・生きがいに応えられるものに整

備していくことは必須の条件と考えられる。

　このような環境の下に本研究は実施されたところであるが、既存研究とも照らした特徴として、次のことが挙げられる。

① 60代前半の継続雇用に関する調査・研究を踏まえて、その成果と有機的・体系的な連関の下に65歳以降の雇用・就業に向けた現状と課題を体系的に明らかにしたこと。

②この課題に対して、企業視点と労働者視点の双方からアプローチしたこと。

　以下、これらの特徴を踏まえて本報告書を構成する各章の概要を紹介するが、ここでは二次分析を内容とする各章における分析の目的や特徴の紹介と他の章との分析上の関係の記載を中心に記載している。各章の具体的な分析結果の紹介や分析結果の有するインプリケーション、課題については終章にまとめられているのでそちらを参照されたい。なお、分析に用いるデータは、第2章が2010～2019年の厚生労働省「高年齢者の雇用状況」のデータ、第3章～第5章は「JILPT企業調査」のデータ、第6章、第7章は「JILPT個人調査」のデータである（JILPTの2本の調査概要は、10頁の第1-3-1表参照）。

第1章　高年齢者雇用・就業の現状と課題

　二次分析を中核とする今回の研究報告の導入部として、高年齢者雇用・就業を取り巻く状況、JILPTの調査研究活動の流れと研究成果（第4期中期計画期間）、高年齢者雇用・就業をめぐる課題、各章の概要を紹介したものである。

第2章　2013年の高年齢者雇用安定法改正が企業にもたらした影響：60～64歳及び65歳以上の常用労働者数、比率に注目して

　2010年から2019年の厚生労働省の「高年齢者の雇用状況」データを用い、2013年に施行された高年齢者雇用安定法の改正が、企業の60代前半層の雇用に対して与えた影響を分析した。

　第2章は、高年齢者雇用安定法の実施にともなう影響を、政府の業務統計を利用して、定年延長や継続雇用制の導入など制度面での措置の対象となる人数から定量的に分析するものである。この点で、企業の人事労務管理の運用状況や、労働者個人の意識面の対応状況といった側面は含まれず、こうした分析は以下の第3章から第7章で行われる。

　既存研究は2000年代を対象とするものが中心であるが、本分析は企業を対象として毎年実施される政府の業務統計を用い、対象期間もより最近の2010年から2019年としている点で特徴がある。なお、同期間は、団塊の世代が60代前半から後半に移行し、70代へと抜けていく期間に当たる。

第3章　65歳までの雇用継続体制の要因とその影響

　65歳までの雇用継続体制の多様性を、定年年齢と60歳前後における仕事の変化についての回答を基に複数のタイプに分け、その要因（高年齢者の仕事や賃金に対する企業の考え方）を探るとともに、それぞれのタイプに該当する企業において、60代前半の人事労務管理にどのような課題が生じているのかについて分析した。

　第3章の分析の対象は、企業における65歳までの継続雇用措置の対応の実態を人事労務管理面での制度の整備や運用などの企業の取組みやその成果を分析するものであり、65歳以降へと雇用確保措置の義務化の対象を拡大する場合の課題を考察するなど、本研究全体の目的に直接関わる中核的な分析である。

　継続雇用の3つのタイプを設定し、その特徴から人事労務管理上の効果を探るという第3章の分析フレーム「65歳までの雇用継続体制」は、65歳以降を分析対象とする第5章での分析フレーム「60代後半層の雇用体制」の主要な構成要素となっている。また、労働者側の視点を扱う第7章は、これら企業側の分析結果と対応している（いずれも同じ執筆者が担当している）。平均賃金水準を分析する第4章も、第3章のタイプ分けとほぼ共通の分析フレームに基づいている。また、日本の強みと考えられてきた技能やノウハウの継承への配慮についての異なる視点など、課題が示唆されている。

第4章　雇用確保措置と高年齢者の仕事・賃金の配分：高年齢者の平均賃金に与える影響

　賃金の配分に対する企業の考え方、就業継続体制（定年の前後での仕事の内容や責任の変化）に注目して、高年齢者の平均賃金水準を分析した。

　定年の前後で賃金が大幅に下落する傾向は、高年齢者の能力活用の上で問題が指摘されてきたが、第4章はこの問題を、前述の第3章における雇用面の分析と共通点の多い分析フレームにより、継続雇用措置の違いや賃金の配分に対する企業の考え方を60歳前半の平均賃金水準を規定する要因に加えた点で特色のある分析となっている。また、公的給付である在職老齢年金や高年齢雇用継続給付の影響についての賃金面での分析は、第5章の60代後半層の雇用面における公的給付の影響をみる点とも符合している。

第5章　60代後半層の雇用についての分析と雇用機会拡大に向けての課題

　60代後半層の雇用体制（65歳以上の労働者を雇用するかどうかや、雇用する場合にはどのくらいの範囲の労働者を雇用するかといった点についての企業の方針）を左右しうる要因について検討し、分析を行った。

　第5章は、第3章での60代前半の継続雇用の分析を踏まえた上で65歳以降の雇用拡大に影響する要因を分析しており、本研究の中心的な目的と直接一致している。前述のとおり、「60代後半層の雇用体制」の分析フレームは、第3章の「65歳までの雇用継続体制」（継続雇用の3つのタイプ）を構成要素に含むとともに、高年齢者の活用で重要と考えられる人事

労務管理制度（能力開発、個別面談、評価制度）や公的給付制度（在職老齢年金、高年齢雇用継続給付）に対する企業の考え方も要因に含んでいる。定年前後で仕事の内容が変化しないことの雇用・就業機会の拡大との関係、現状での人事管理制度の選別的効果など、第3章と相まって分析に基づく多くの課題が示唆されている。

第6章　高年齢者は就業に何を求めるのか

　年金制度改革・定年制度改革により従来と比べ就業継続の必然性が高まった60〜64歳の高年齢者自身が、就業に何を求めているのか。どのような高年齢者が、就業に「生活のため」だけでなく「社会参加」や「健康維持」を見だすのかを就業理由の分析を通して分析した。ここまでの第3章から第5章が企業側の視点の分析であるのに対して、第6章は続く第7章とともに、JILPTの個人調査に基づく労働者側の視点の分析である。

　年金制度改革・定年制度改革を通じて社会の立場から高年齢者の活躍が期待されるが、個人の立場からは「働かざるを得ない」者が多いのではないかという視点から、就業理由において「生活の維持のため」だけではない「いきがい・社会参加のため」も含まれる条件を探っている。その条件において定年前と現在の職業（勤め先の規模、雇用形態）という点での職業キャリアや、ストックである貯蓄を分析の要因に含み、格差の問題とも関連する点が特徴的である。

第7章　60代前半の雇用者における仕事の継続・変化と仕事・就業に対する評価

　60代前半層（60〜64歳）のフルタイム雇用者を対象に、60歳（定年）前後における仕事内容や仕事における責任の変化の有無が、現在の仕事に対する満足度や、就業継続意向といった、働きがいやモチベーションに関わる事項にどのような影響を及ぼすかについて分析を行った。

　第7章は、第6章とともに労働者側の視点の分析であるが、同じ執筆者による企業側の視点の分析である60代前半層を扱う第3章、さらに60代後半層を扱う第5章とも関連する分析である。労働者の意識やキャリアに関係する点は第6章とも共通するが、企業の継続雇用体制の下で働くことに伴う「仕事満足度」や、「就業継続」が対象である点で第6章とは異なる問題領域である。

　第3章や第5章で就業継続にとって有効と考えられる「定年の前後での仕事の内容が変化しないこと」が、労働者側の「仕事満足」という視点でみた場合は異なる評価であること、高年齢者雇用継続給付の雇用への寄与の側面など、立場や対象期間を変えた場合にみられる現状でのニーズのミスマッチを指摘し、労働意欲やモチベーションを損なわずより長く仕事やキャリアを求める上でのコミュニケーションを土台とする人事労務管理の必要を指摘している。

終章　要約とインプリケーション

　本報告書における各章の分析結果で得られた知見の要約、政策的インプリケーション、結論と今後の課題を内容として、本報告書をまとめている。

参考文献

JILPT（2010a）「高齢者の雇用・採用に関する調査」JILPT 調査シリーズ No.67

JILPT（2010b）「高年齢者の雇用・就業の実態に関する調査」JILPT 調査シリーズ No.75

JILPT（2015）「60 代の雇用・生活調査」JILPT 調査シリーズ No.135

JILPT（2016a）「高年齢者の雇用に関する調査（企業調査）」JILPT 調査シリーズ No.156

JILPT（2016b）「労働力不足時代における高年齢者雇用」JILPT 労働政策研究報告書 No.186

JILPT（2018a）「労働市場の態様を軸とした 65 歳以降の雇用に関する一考察」JILPT ディスカッションペーパー 18-01

JILPT（2018b）「高齢者の多様な活躍に関する取組—地方自治体等の事例—」JILPT 資料シリーズ No.198

JILPT（2019）「高齢者の多様な活躍に関する取組Ⅱ—地方自治体等の事例—」JILPT 資料シリーズ No.212

JILPT（2020a）「高年齢者の雇用に関する調査（企業調査）」JILPT 調査シリーズ No.198

JILPT（2020b）「60 代の雇用・生活調査」JILPT 調査シリーズ No.199

第2章　2013年の高年齢者雇用安定法改正が企業にもたらした影響：
60～64歳と65歳以上の常用労働者数、比率に注目して

第1節　研究目的

　人口減少社会を迎えて久しいわが国では、労働力の確保・維持が社会的に課題視されると同時に、公的年金制度の継続可能性を高めるため、年金の支給年齢が段階的に引き上げられている。そのため、高年齢労働者の就業意欲を喚起し、働く意欲と能力のある高年齢者が年齢を問わず働くことができる社会へと歩みを進めている。日本の高年齢者の就業率は、欧米の先進諸国に比べて十分に高い[1]が、さらに活躍の場を広げるための政策が講じられてきた。昨今では、2006年の高年齢者等の雇用の安定等に関する法律（高年齢者雇用安定法）の改正により、65歳までの継続雇用の実施が義務化され、2013年にはその対象が原則希望者全員となった。さらに、2021年4月施行の改正法では、70歳までの就労確保を努力義務とする規定が盛り込まれた。高年齢者の就業意欲が高い日本において、企業に高年齢者の活用を働きかけるこれらの政策の実効性は高いと考えられる。

　本章が焦点を当てるのは、2013年に施行された高年齢者雇用安定法の改正（以下、「2013年法改正」と記す）が、企業の60代前半層の雇用に与えた影響である。具体的には、厚生労働省が常用労働者[2]31人以上の全企業を対象に毎年実施している『高年齢者の雇用状況』のデータを用いて、2013年法改正により企業の60～64歳の常用労働者数と比率がどの程度影響を受けたかを、傾向スコアマッチング法（propensity score matching）と差分の差の推定（difference in differences）を組み合わせた手法（以下、「DID-PSM」と記す）によって推計する。この改正の影響を受けたのは、主にどのような特徴を持つ企業で、どの程度の影響を受けたかを推計することで、2013年法改正が企業行動に与えた影響をかなり厳密に検証することが期待できる。また、現行の労働関係法令の範囲内において、企業は労働条件を引き下げて継続的に雇うことも可能だが、一定期間と時間以上の雇用契約を結ぶ常用労働者への影響を推計することで、労働条件が悪い雇用のみが拡大したのか、そうではないのかを考察することができる。さらには、2010年代における65歳以上の常用労働者数や比率の変化にも注目し、どのような属性を持つ企業で、65歳以上の高年齢労働者がより増加したかを明らかにする。そして、65歳までの雇用確保の義務化が企業行動に与えた影響の分析結果をもとに、70歳までの就業機会の確保を義務化した場合の影響を考察したい。

　構成は次の通りである。第2節では、高年齢者の継続雇用に関連する2000年以降の政策

---

[1]　2018年の60代前半の男性労働力率は、日本が83.5%であるのに対して、ドイツは67.9%、アメリカは63.0%、イギリスは62.6%、カナダは62.4%、イタリアは53.5%、フランスは33.4%である。また、65歳以上の男性労働力率は、日本の33.9%に対して、アメリカは24.0%、カナダは18.1%、イギリスは14.0%、ドイツは10.3%、イタリアは7.7%、フランスは4.0%である（労働政策研究・研修機構 2019）。

[2]　『高年齢者の雇用状況』における常用労働者は、「1年以上継続して雇用される者（見込みを含む）のうち、1週間の所定労働時間が20時間以上のもの」と定義されている。

の展開と先行研究について言及し、本研究の特徴を述べる。第3節では、本章で用いるデータを説明し、2010年から2019年の制度の実施状況等を記述的に把握する。第4節では、2013年法改正の効果を推計するための分析モデルについて説明した上で、分析結果を示し、考察する。また、65歳以上の労働者数や比率の増加を規定する企業要因の分析も行う。最後に第5節で結果をまとめ、政策的インプリケーションと今後の課題を述べる。

第2節 継続雇用政策の展開、先行研究

1. 継続雇用政策の展開

　まずは、年金制度や定年退職制度、高年齢者雇用安定法の改正といった高年齢者の就業を左右する政策について、最近の展開を確認しておこう。2000年以降、60歳からの定年年齢の引き上げと同時に、労働力人口の減少を背景とした高年齢者の継続雇用政策が進められてきた[3]。1998年に定年年齢と年金受給開始年齢との間にギャップがない状態が実現されたが、その時には2001年から2025年にかけて厚生年金や共済年金の支給開始年齢を65歳に段階的に引き上げることが既に決定されていた[4]。この新たなギャップを埋めるために、政府は高年齢者雇用安定法を改正することで、高年齢者の雇用機会を確保するよう労働需要側に働きかけた。

　具体的には、2000年に65歳までの継続雇用の努力義務と行政措置規定を定め、2006年4月に実施を義務化し、2013年4月にその対象を原則希望者全員に定めた改正が施行された。対象となるのは、1946年4月以降生まれの従業員であり、企業は法律の定める年齢[5]までの雇用確保措置として、（1）定年退職年齢の引き上げ、（2）継続雇用制度の導入、（3）定年制の撤廃のいずれかを講ずることが義務づけられた。ただし現実には、2006年6月段階で72.1%[6]の企業が3つの選択肢の中から継続雇用制度を選んでいる。その理由は、継続雇用の際の具体的な雇用条件の規定が設けられていないことが大きい。定年延長であれば、正社員としての雇用契約を延長した定年年齢まで引き延ばさなければならない。他方、継続雇用の場合は、必ずしもフルタイムの正社員として雇用を継続する必要はなく、一度正社員の雇用を打ちきり非正社員として再雇用することや、賃金、業務内容を変更することも可能である。そのため、企業が負担するコストはかなり抑えられる。実際に、山田（2009）によれば、半数近くの企業が60歳時点よりも40%以上の賃金削減をした上で継続雇用している。さら

---

[3] 2000年までの制度や政策については、濱口（2014）に詳しい。

[4] 特別支給の老齢厚生年金の支給開始年齢を65歳までに引き上げる措置について、定額部分は2013年度に引き上げが完了し、報酬比例部分は男性で2025年度、女性で2030年度までに引き上げが完了する。

[5] 「法律の定める年齢」とは、1946年生まれの者は63歳であり、そこから段階的に引き上げられ、1949年4月以降生まれの者は65歳に定められている。

[6] 『平成18年 高年齢者雇用状況集計結果』（https://www.mhlw.go.jp/file/04-Houdouhappyou-11703000-Shokugyouanteikyokukoureishougaikoyoutaisakubu-Koureishakoyoutaisakuka/18-2_3.pdf）から、雇用確保措置未実施企業を含む全企業（81,382社）のうち、継続雇用制度を導入した58,665社の比率を算出。

に、2013 年 4 月までは、たとえ継続雇用制度を導入したとしても、労使交渉によって事前に定められた基準に満たない高年齢者を継続雇用しないことも認められていた。そのため、「継続雇用制度を導入しても、さまざまな方法を用いて実際には雇用を継続しないようにする余地が残されているのが実態」（近藤 2014a）と考えられていた。

2. 先行研究

　このように、2006 年の法改正によって高年齢者の就業が促進されるか否かは自明ではなかったが、実際はどうなのだろうか。個人データを用い、2006 年法改正の効果を実証した研究に、山本（2008）や近藤（2014b）がある。山本（2008）は、『慶應義塾家計パネル調査』の 2006 年版と 2007 年版によって、法改正前後で 60 代前半の就業率がどのように変化したのかを分析している。具体的には、55 歳時点で雇用者だった 60 〜 62 歳を処置群、55 歳時点で自営業者だった 60 〜 62 歳の者と 55 歳時点で雇用者だった 57 〜 59 歳の者を対照群とし、就業率が上昇したかを DID-PSM で検証している。その結果、法改正前は、55 歳時点で雇用者だった者のうち 60 〜 62 歳でも就業している割合は 55% だったのに対して、法改正後はその割合が 68% まで有意に上昇していることが明らかになった。

　同様に、近藤（2014b）は 2006 年の法改正前後における 55 〜 65 歳の労働力率や就業率について、法改正の影響を受けるコーホートと受けないコーホートの比較を行っている。用いたデータは総務省統計局の『労働力調査』の個票データ、手法は局所線形モデルである。分析の結果、法改正の影響を受けない 1945 年生まれ以前のコーホートでは、60 歳になった直後の労働力率の減少は概ね 4 〜 5%、就業率の減少は 9 〜 12% であるのに対して、影響を受けた 1946 年生まれ以降のコーホートでは労働力率の減少が 2 〜 3%、就業率の減少が 6 〜 7% に抑えられており、法改正によって 60 歳以降にも働き続ける人が増加したと結論づけている[7]。

　また、同データで企業規模による法改正の影響の違いを分析した Kondo and Shigeoka（2017）によると、その影響は従業員数 500 人以上の大企業に偏っている。大企業における 60 〜 62 歳の雇用率は、1946 年生まれコーホートが 1945 年生まれコーホートに比べて 1.6 〜 1.9% 高い。それに対して、従業員数 500 人未満の中小企業における 60 歳以降の雇用率は、出生年コーホート間の有意差がほぼない。大企業では、一律定年制によって 60 歳で退職する割合が高いため、法改正の影響を受けて継続雇用者が増えたが、中小企業はもともと 60 歳以降も継続的に働いている割合が高いため、更に増加する余地がなかったものと考えられる。

　他方、2006 年の法改正は、企業の行動にどのような影響を与えたのだろうか。理論的には、継続雇用の義務化は、それまで企業内で構築されてきた人事制度の見直しを迫る。企業は従

---

[7] 同データを差分の差の推定で分析した場合、1945 年生まれコーホートに比べて、1946 年生まれコーホートの雇用率は、60 歳で 2.4%、61 歳で 3.2% 高い（Kondo and Shigeoka 2017）。

業員の離職抑制や不正防止のために、一定の年齢より下の時期は生産性以下の賃金を支払い、それを超えると生産性以上の賃金を支払う制度を設けている（Lazear 1979）。ただしいつまでも生産性以上の賃金を支払うと赤字になるので、この考え方を成立させるためには、どこかで強制的に退職させる制度、つまり定年制が必要となる。実際に、2006 年法改正以前に、『高年齢者就業実態調査（事業所調査）』のデータを分析した樋口・山本（2002, 2006）によると、高年齢期の雇用期限に関する制度が、60 歳前後の退職率を規定している。60 歳定年制を設けている企業は 59 歳までの退職率が低く、60 歳超の退職率が高い。また、勤務延長制度や再雇用制度がある企業は、60 歳以上の退職率だけでなく 60 歳未満の退職率も低い。反対に、早期退職優遇制度を設けている企業は、60 歳未満の退職率も 60 歳以上の退職率も高い。

2006 年法改正に対して、多くの企業は継続雇用制度を導入することで対応し、基準該当者のみに継続雇用を適用する経過措置を採る企業も多かった。改正直後に行われた 2006 年 6 月の『高年齢者の雇用状況』によると、調査対象企業のうち、雇用確保措置の上限年齢を 65 歳以上（定年制がない企業を含む）としているのは 64.0%（81,382 社のうち 52,105 社）だった。また、雇用確保措置として継続雇用制度を導入している企業 58,665 社のうち、39.1%（22,911 社）は希望者全員を対象としていた。

65 歳までの雇用確保措置として、継続雇用を選択するか他の制度を採るかは、企業全体の賃金制度や人事制度に依存するが、特に賃金カーブの傾きや労働組合の有無との関係が指摘されている。賃金カーブの傾きが急な企業ほど、高年齢者の退職率は高い（樋口・山本 2002）。また、継続雇用制度を活用する企業は、再雇用後の 60 ～ 64 歳の賃金を大幅に低下させているが、その引き下げ幅があまりにも大きい場合は、労働者が継続雇用を希望しなくなる（山田 2010）。さらに、継続雇用に伴って賃金が下がる場合、業務内容等の変更を伴うことが多い。藤本（2017）は、2015 年に JILPT が実施した『高齢者の雇用に関する調査』のデータを使い、定年到達直前の賃金を 100 とした時の 61 歳時の賃金について、定年前後の業務内容や責任の変化の有無別に比較している。その結果、定年前後で仕事も責任も変化しない企業の平均が 78.16 なのに対して、責任が変化する企業は 67.30、業務内容が変化する企業は 64.31 と、賃金の低下幅が大きかった。

労働組合の存在は、継続雇用の導入にはマイナス要因となっている。また、導入していたとしても、その対象は希望者全員ではなく、基準に該当した者のみとする企業の割合が高く、その基準も業績評価など客観的な指標を基準としている場合が多い（山田 2010）。組合のある企業が継続雇用に消極的な理由として、人件費負担や若年、壮年社員のモラール低下が挙げられており、基幹労働力である現役社員の雇用を守ろうとする意識が働くのだろう。

以上の先行研究は、希望者全員に対する 65 歳までの雇用が義務づけられても、賃金や仕事内容の変化次第で全員が継続雇用を希望するとは限らないことを示唆する。そのため、雇用の義務化が 60 代前半の就業率向上に即結びつくとは限らない。そこで本章では、どのよ

うな企業が 2013 年法改正の影響を受けたのか、また影響を受けた結果 60 ～ 64 歳の常用労働者数や比率はどの程度変化したのかを推計する。加えて、70 歳までの就業機会の確保を義務化する方向で進められていることを鑑み、65 歳以降の常用労働者数や比率がどのような企業で伸びたのかを明らかにする。

第 3 節　2010 年代における定年制、継続雇用制度の実施と高年齢労働者の雇用状況

1．データ

　本章で用いるデータは、厚生労働省『高年齢者の雇用状況』の 2010 年から 2019 年のデータである。この調査は、常時雇用している労働者が 31 人以上の全国の企業を対象に、高年齢者雇用確保措置の実施状況などを把握するために、厚生労働省が毎年 6 月に実施している全数調査である。集計は事業所単位ではなく、事業主（企業）単位で行われており、各年のデータを企業番号でマージすることで、パネルデータとして利用することができる。また、報告が義務づけられている調査のため、回収数、回収率ともに極めて高い[8]。回収数は、123,673 社（2010 年）、138,429 社（2011 年）、140,367 社（2012 年）、143,070 社（2013 年）、145,902 社（2014 年）、148,991 社（2015 年）、153,023 社（2016 年）、156,113 社（2017 年）、156,989 社（2018 年）、161,378 社（2019 年）である。

2．定年制、継続雇用制度の実施と高年齢労働者の雇用状況の推移

　2010 年から 2019 年までの定年制や継続雇用制度の状況を記述的に把握しておこう。まず、この 10 年間で常に、調査対象企業の 97 ～ 98% が定年制ありと回答している。定年年齢については、「60 歳以下」の企業の比率が 10 年間で 6 ポイントほど減少しているのに対して、「65 歳」の企業の比率が 6 ポイント弱増えている（第 2-3-1 図）。65 歳定年とする企業の増加傾向は見られるものの、2013 年法改正による顕著な増加は確認されない。

---

[8]　厚生労働省の HP（https://www.mhlw.go.jp/stf/houdou/0000182200_00003.html）内の「発表資料」に、各年の回収数は記載されているが、正確な回収率は公表されていない。そこで担当課に問い合わせたところ、2019 年調査に関しては、対象企業のうち 95% 以上から回収できているとの回答を得た。また、2015 年調査のみ調査対象企業数も公表されており、回収率を計算すると 97.3%（=148991/153097）だった。

第 2-3-1 図　定年年齢

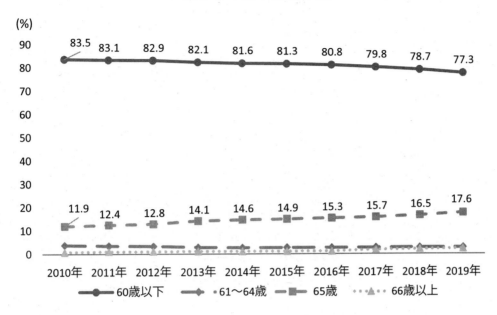

他方、継続雇用制度については、2013 年法改正による影響が明確に確認できる。第 2-3-2
図は、継続雇用制度の導入状況および継続雇用の対象について、10 年間の推移を示したも
のである。2010 年の段階で、調査対象の 9 割弱が継続雇用制度を導入している。ただし希
望者全員を対象年齢まで雇用するのは全体の 36.8% であり、半数強の企業は基準該当者の
みを継続雇用の対象としている。この比率は 2012 年までほぼ変化していないが、2013 年
に法改正が施行されると、希望者全員を対象とする企業は 8 割まで増え、基準該当者のみと
する企業は 1 割ほどに減少した[9]。なお、継続雇用制度を導入していない企業の比率は、この
10 年間でほとんど変化していない。

　では、この 10 年間で各企業の高年齢労働者の人数と比率はどのように推移してきたのだ
ろうか。第 2-3-3 図は、60 ～ 64 歳と 65 歳以上の常用労働者数（棒グラフ）と常用労働者
全体に占める比率（折れ線グラフ）について、2010 年から 2019 年までの平均値を表した
ものである。60 ～ 64 歳の常用労働者数と比率は、2012 年の 14.0 人（8.4%）をピークに
若干減り、2019 年には 13.3 人（7.8%）となっている。他方、65 歳以上の層は、この 10
年間に常用労働者数も比率も急激に上昇している。最も少なかった 2011 年は平均が 4.5 人
（3.4%）だったが、2019 年には 10.6 人（8.0%）にまで増えており、その比率の平均が 60
～ 64 歳を上回っている。

9　基準該当者のみを継続雇用の対象とする制度は、高年齢者雇用安定法（2012 年法律第 78 号改正法）附則第 3 項
　により、経過措置として適用されているものである。これにより、企業は 2013 年 3 月 31 日までに継続雇用対
　象者を限定する基準を労使協定で設けた場合、2016 年 3 月 31 日までは 61 歳以上、2019 年 3 月 31 日までは 62
　歳以上、2022 年 3 月 31 日までは 63 歳以上、2025 年 3 月 31 日までは 64 歳以上の人に対して、設定した基準
　を適用することができる。

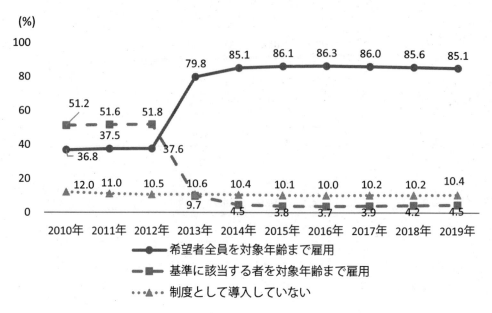

第 2-3-2 図　継続雇用制度の有無と対象

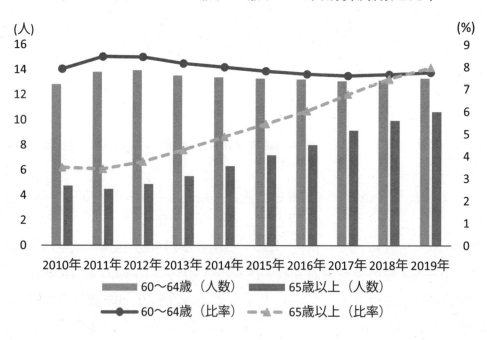

第 2-3-3 図　60 〜 64 歳、65 歳以上の常用労働者数と比率

　以上の記述的な分析から、2013 年法改正は継続雇用制度の対象の変更には大きく影響しているものの、60 〜 64 歳の雇用の実態に対する影響ははっきりしない。したがって次節では、2013 年法改正の結果、60 〜 64 歳の常用労働者数や比率がどれくらい増加したかを、厳密に推計したい。

第4節　DID-PSM による 2013 年法改正の効果推計

1. 推計方法

　2013 年法改正によって、企業はどの程度高年齢労働者の雇用を維持、確保したのだろうか[10]。ある政策の効果を推計するためには、政策の影響を受けるグループ（処置群）と受けないグループ（対照群）に分け、政策実施前後の目的変数の変化を、両グループで比較すればよい。本章では、希望者全員に 65 歳までの継続雇用を義務化した 2013 年法改正の効果に注目するので、処置群は 65 歳までの雇用が制度的に義務化されていなかった企業、対照群は法改正の段階で既に従業員が希望すれば 65 歳まで働くことが制度的に可能だった企業となる。具体的には、第 2-4-1 表のようにまとめられる。処置群の企業数は 71,820 社（51.2%）、対照群の企業数は 68,547 社（48.8%）である。

第 2-4-1 表　処置群と対照群の定義

	定年制度		継続雇用制度		
	有無	年齢	有無	対象	年齢
処置群	あり	64 歳以下	なし	―	―
	あり	64 歳以下	あり	基準該当者のみ	―
	あり	64 歳以下	あり	希望者全員	64 歳以下
対照群	なし	―	―	―	―
	あり	65 歳以上	―	―	―
	あり	64 歳以下	あり	希望者全員	65 歳以上

　目的変数は、各企業における 60 ～ 64 歳の常用労働者数、及び 64 歳までの常用労働者全体に占める 60 ～ 64 歳の比率である。後者に関して、65 歳以上を含めた比率を用いると、60 ～ 64 歳比率の増減が、65 歳以上の労働者数が変化したことによる影響か、60 歳未満の労働者数が変化したことによるものかが判別できない。そのため、ここでは 65 歳以上の常用労働者を除いた比率を用いることとした。

　これらの目的変数に対する 2013 年法改正の効果は、以下の式で表される平均処置効果（Average Treatment effect on the Treated：以下、「ATT」と記す）を推計することで求められる。

$$ATT = E(Y_{i,t+s}(1) - Y_{i,t+s}(0) \mid D_{it} = 1, \, X_{i,t-1})$$
$$= E(Y_{i,t+s}(1) \mid D_{it} = 1, \, X_{i,t-1}) - E(Y_{i,t+s}(0) \mid D_{it} = 1, \, X_{i,t-1})$$

ここで、D_{it} は企業 i が 2013 年法改正の影響を受けたか否かを表すダミー変数、$Y_{i,t+s}(D_{it})$ は $t+s$ 年（ただし $s \geq 0$）における 60 ～ 64 歳の人数や比率、$X_{i,t-1}$ は政策施行前である $t-1$ 年の企業属性を表す変数である。つまりこの式は、処置を受けた企業が、もし処置を

10　本節の説明は、戸堂（2008）、佐藤（2013）を参考にしている。

受けなかった場合にどのような結果が得られたかを仮想的に計算し、実際の結果との差を求めることで、処置効果を推計することを意味している。ここで根本的な問題となるのは、処置を受けたグループが、仮に処置を受けなかった場合の結果（上式右辺の第2項）が、現実には観察できないことである。仮に、処置の割り当てをランダム化した比較実験ができれば、この観察不可能な結果を、政策の影響を受けない企業群の目的変数の平均で置き換えることができる。しかし各企業が2013年の法改正の対象になるか否かはランダムに割り当てられているわけではないので、この方法では推定値にバイアスが生じてしまう。

　この問題に対して、Rosenbaum and Rubin（1983）は「強く無視できる割り当て条件（strongly ignorable treatment assignment assumption）」と呼ばれる2つの仮定が満たされていれば、バイアスが回避できることを明らかにした。1つは、独立性の仮定である。これは、処置の状態、すなわち2013年法改正の影響を受けるか否かが、共変量を統制した上では、目的変数と独立という仮定である。もう1つは、処置群と対照群における共変量にオーバーラップが存在するという仮定（コモンサポート）である。この仮定を満たすためには、オーバーラップが存在しないケースを除外してATTを計測する必要がある。しかし、共変量が多くなるとコモンサポートが成立しづらくなり、信頼性ある分析が難しくなるという「次元の呪い（curse of dimensionality）」の問題が生じる。

　これを克服したのが、傾向スコアマッチング法である。これは、対照群から企業属性（$X_{i,t-1}$）が処置群と同様の特徴を持つケース、つまり処置群となる確率ができるだけ近いケースを探し出して、両者をマッチングする手法である。この手法でマッチさせた対照群の目的変数の平均値は、処置群が仮に処置を受けなかった場合の期待値の推計値として代替可能と考えられている。傾向スコアを用いたATTの一致推定量は、次のように表される。

$$ATT = \frac{1}{N}\sum_{i \in I_1}\left(Y_{i,t+s}(1) - \sum_{j \in I_0}W\left(P(X_{i,t-1}),\, P(X_{j,t-1})\,Y_{j,t+s}(0)\right)\right)$$

I_1 は処置群、I_0 はマッチされた対照群、N は処置群の企業数である。$P(X)$ は処置群となる確率（傾向スコア）であり、2013年法改正以前の企業属性に依存して決まる。W は傾向スコアに基づく対照群の企業へのウェイトを表している。

　さらに、本章のようにパネルデータが利用できる場合、差分の差の推定を組み合わせた手法（DID-PSM）でATTの一致推定量を求めることが可能である（Heckman et al. 1997, Smith and Todd 2005）。この手法の利点は、企業の観察不可能な要因と処置変数（2013年法改正の影響を受ける企業か否か）との相関を考慮し、セレクションバイアスを修正した上でATTを推定できることである。DID-PSMによるATTの一致推定量は、次の通りである。

$$ATT_{DID} = \frac{1}{N}\sum_{i \in I_1}\left(\Delta Y_{i,t+s}(1) - \sum_{j \in I_0}W\left(P(X_{i,t-1}),\, P(X_{j,t-1})\Delta Y_{j,t+s}(0)\right)\right)$$

ここで、$\Delta Y_{i,t+s} \equiv Y_{i,t+s} - Y_{i,t-1}$ であり、目的変数の $(s+1)$ 階差分を意味する。また、DID-PSM では独立性の仮定が、「傾向スコアを所与とした場合、目的変数の変化は2013年法改

正の影響を受ける企業か否かとは独立」という仮定に修正される。

2. 推計の手順

次に、推計の手順と独立変数について説明しよう。推計は、4段階に分けて行う。第1に、2013年法改正の1年前である2012年をベースラインとし、処置群に入る確率（傾向スコア）をロジットモデルで計算する。独立変数には、2012年時の業種、従業者規模、地域、労働組合の有無、定年到達者の有無を採用する。業種は17カテゴリ、従業者規模は6カテゴリ、地域は8カテゴリにそれぞれ区分した[11]。労働組合の有無は、組合が組織されている場合を1とするダミー変数である。また、企業の年齢構成による影響を統制するため、2012年時に定年到達者がいた場合を1とするダミー変数を投入した。これらの独立変数の記述統計量は、第2-4-2表の通りである。

第2-4-2表　独立変数の記述統計量（N=140,177）

変数名	Mean	S.D.	変数名	Mean	S.D.
処置ダミー	0.512	0.500	従業員規模		
業種			31～50人	0.331	0.470
農林漁業	0.004	0.067	51～100人	0.320	0.467
鉱業、建設業	0.056	0.230	101～300人	0.245	0.430
製造業	0.255	0.436	301～500人	0.047	0.213
電気・ガス・熱供給・水道業	0.002	0.049	501～1000人	0.032	0.177
情報通信業	0.042	0.200	1001人以上	0.024	0.155
運輸業、郵便業	0.091	0.288	組合あり	0.164	0.371
卸売、小売業	0.159	0.366	地域		
金融、保険業	0.012	0.109	北海道	0.039	0.193
不動産業、物品賃貸業	0.016	0.127	東北	0.073	0.260
学術研究、専門・技術サービス業	0.026	0.160	関東	0.318	0.466
宿泊業、飲食サービス業	0.029	0.169	中部	0.189	0.391
生活関連サービス業、娯楽業	0.033	0.178	近畿	0.169	0.375
教育、学習支援業	0.022	0.146	中国	0.065	0.247
医療、福祉	0.149	0.356	四国	0.032	0.176
複合サービス事業等	0.102	0.302	九州	0.115	0.319
公務	0.000	0.011	定年到達者あり	0.584	0.493
分類不能	0.001	0.030			

第2に、ロジットモデルから得られた傾向スコアをもとに、処置群と対照群をマッチさせる。マッチングの方法は様々あるが、本章ではNearest Neighborマッチング（以下、「NNマッチング」と記す）とKernelマッチングを使用する。NNマッチングは、処置群の傾向

---

[11] 業種の区分は、「農林漁業」、「鉱業、建設業」、「製造業」、「電気・ガス・熱供給・水道業」、「情報通信業」、「運輸業、郵便業」、「卸売、小売業」、「金融、保険業」、「不動産業、物品賃貸業」、「学術研究、専門・技術サービス業」、「宿泊業、飲食サービス業」、「生活関連サービス業、娯楽業」、「教育、学習支援業」、「医療、福祉」、「複合サービス事業等（複合サービス事業とサービス業（他に分類されないもの））」、「公務」、「分類不能」の17カテゴリとした。また、従業者規模の区分は、「31～50人」、「51～100人」、「101～300人」、「301～500人」、「501～1000人」、「1001人以上」の6カテゴリ、地域の区分は、「北海道」、「東北」、「関東」、「中部」、「近畿」、「中国」、「四国」、「九州」の8カテゴリとした。

スコアとの差が最も小さい確率を持つ対照群の企業を1つだけマッチさせる方法である。Kernelマッチングは、カーネル関数を利用したウェイトで、処置群に対してある一定の距離内に収まっている対照群の企業の加重平均をマッチする方法である[12]。

第3に、マッチング前後で、処置群と対照群の共変量の差がどれほど縮まったかをチェックする。2013年法改正の施行前に処置群とマッチされた対照群が同様の特徴を持っていなければならない。確認には、標準化バイアスの絶対値の平均と中央値を利用し、マッチング後の値が3%ないし5%以下になっていれば、バランス条件を満たしていると判断される（Caliendo and Kopeing 2008）。

第4に、マッチングが成功したケースのみを用いて、DID-PSMによるATTの一致推定量を求める。法改正前の2012年を基準とし、1年後（2013年）から7年後（2019年）までの60～64歳の常用労働者数の差分と、常用労働者比率の差分を用いて、ATTを計算することとした。推計は、2012年から2019年の年齢層別常用労働者数が全て揃っている97,205社のみを用いて行った。また、60～64歳の常用労働者数には企業全体の労働者数が当然影響するので、共変量として各年の64歳以下の全常用労働者数を分析に投入した。

3. 分析結果

まず、処置群と対照群における 60～64歳の常用労働者数と比率の平均の推移から確認しておきたい（第2-4-3図）。2013年法改正の影響を受けた処置群の60～64歳常用労働者数の平均は、2012年の17.3人から2019年には20.5人に、比率は2012年の7.7%から2019年には8.5%に増えている。それに対して、対照群の同年齢層の常用労働者数と比率の平均は、2012年が12.6人（10.8%）、2019年が12.5人（10.9%）とほぼ横ばいである。

---

[12] NNマッチングの閾値（caliper）は0.05、Kernelマッチングのバンド幅は0.06とした。

第 2-4-3 図　処置群と対照群における 60 ～ 64 歳の常用労働者数と比率

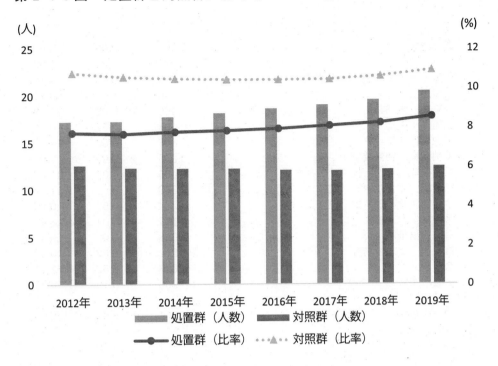

　では、4-2 節で述べた手順に沿って、結果を見ていこう。第 2-4-4 表は、ベースラインである 2012 年の企業属性を独立変数とし、「処置群 =1」の 2 値変数についてロジットモデルで回帰分析を行った結果である。処置群に入る確率が製造業に比べて高い業種は、情報通信業、金融・保険業、学術研究、専門・技術サービス業、卸売・小売業である。反対に確率が低い業種は、運輸業、郵便業、医療、福祉、宿泊業、飲食サービス業、複合サービス事業等である。また、従業員数が多い企業ほど処置群に入る確率が高い。さらに、労働組合がある企業も処置群に属する傾向が強い。これは、組合のある企業の方が 65 歳までの雇用を制度的に義務化していなかったことを意味しており、山田（2010）と整合的である。

第 2-4-4 表　処置群に入る企業の特徴（二項ロジスティック回帰モデル）

	Coef.	S. E.	z
業種（vs. 製造業）			
農林漁業	-0.303	0.08	-3.61
鉱業、建設業	-0.026	0.03	-1.02
電気・ガス・熱供給・水道業	0.605	0.12	4.88
情報通信業	0.650	0.03	20.77
運輸業、郵便業	-0.460	0.02	-21.13
卸売、小売業	0.194	0.02	10.84
金融、保険業	0.887	0.06	14.27
不動産業、物品賃貸業	0.359	0.05	7.93
学術研究、専門・技術サービス業	0.425	0.04	11.62
宿泊業、飲食サービス業	-0.388	0.03	-11.22
生活関連サービス業、娯楽業	-0.224	0.03	-6.86
教育、学習支援業	-0.147	0.04	-3.70
医療、福祉	-0.358	0.02	-19.42
複合サービス事業等	-0.212	0.02	-10.22
公務	-0.628	0.52	-1.21
分類不能	-0.068	0.19	-0.37
従業員規模（vs. 31 〜 50 人）			
51 〜 100 人	0.306	0.01	22.28
101 〜 300 人	0.653	0.02	42.46
301 〜 500 人	1.117	0.03	37.04
501 〜 1000 人	1.249	0.04	33.16
1001 人以上	1.386	0.05	29.34
組合あり	0.673	0.02	39.43
地域（vs. 北海道）			
東北	-0.202	0.03	-5.79
関東	-0.044	0.03	-1.48
中部	-0.270	0.03	-8.69
近畿	-0.106	0.03	-3.38
中国	-0.215	0.04	-6.03
四国	-0.021	0.04	-0.50
九州	-0.030	0.03	-0.93
定年到達者あり	0.204	0.01	17.03
切片	-0.378	0.03	-11.87
N		140177	
-2LL		182238.7	
Pseudo R^2		0.062	

　次に、このロジットモデルから算出された傾向スコアを基に、NN マッチングと Kernel マッチングによって、処置群と対照群のマッチングを行った。第 2-4-5 表は、バランスチェックの結果を表している。マッチング前には、処置群と対照群で平均して 8.7% 存在していた先行変数のバイアスが、マッチング後は、NN マッチングだと 0.3% に、Kernel マッチングだと 1.7% に減少していることがわかる。また、中央値で見ても、マッチング前の 6.1% から NN マッチングは 0.2% に、Kernel マッチングは 1.0% に減少している。ほぼ全数調査のため検定にはあまり意味が無いが、カイ 2 乗値に注目してみると、NN マッチングの p 値は 5% 以上なのに対して、Kernel マッチングは 5% 未満のため、2 群間に統計的な有意差が残っている。ただし、前述した通り、マッチング後のバイアスが 3% 以下であれば、バラン

ス条件を満たしているという指摘を踏まえると、概ね傾向スコアによるマッチングはうまくいっていると考えてよいだろう。

第 2-4-5 表　マッチング前後の共変量のバランスチェック

	mean bias(%)	median bias(%)	LR chi2	p>chi2
NN マッチング				
マッチング前	8.7	6.1	11993.20	0.000
マッチング後	0.3	0.2	23.64	0.788

	mean bias(%)	median bias(%)	LR chi2	p>chi2
Kernel マッチング				
マッチング前	8.7	6.1	11993.20	0.000
マッチング後	1.7	1.0	469.69	0.000

　それぞれのマッチング法について、処置群と対照群の傾向スコアの分布も確認しておこう（第 2-4-6 図）。わずかではあるが、傾向スコアの右端では、処置群のケースのみ存在しているのに対して、左端では対照群に比べて処置群のケースが少ない。ATT の推計には、コモンサポートの仮定を満たす必要があるため、以下ではオーバーラップが存在しないケースを除外して計算を行う。

第 2-4-6 図　処置群と対照群のオーバーラップ

NNマッチング　　　　　　　　　　　　　　Kernelマッチング

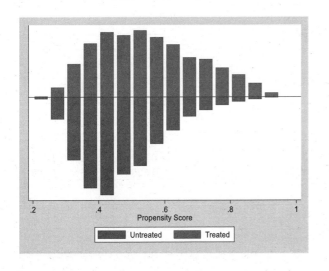
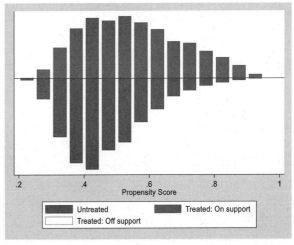

　第 2-4-7 表は、2013 年法改正が企業の 60 ～ 64 歳の常用労働者数と常用労働者比率の変動にどれくらい影響を与えたかについて、DID-PSM による ATT の推計結果を示したものである。一見してわかるように、NN マッチングを用いた場合も Kernel マッチングを用いた場合も、ほぼ同じ結果が得られている。ここでは、NN マッチングの結果を中心に見ていこう。
　上の表は、60 ～ 64 歳の常用労働者数を目的変数とし、64 歳までの全常用労働者数を統

制した推定結果である。ここでの ATT の単位は「人」なので、各 ATT 推計値は、処置群（2013 年法改正の影響を受けた企業）において、処置（法改正）が仮になかった場合と比べて、60 ～ 64 歳の常用労働者数が平均で何人増加したかを表している。よって、2012 年から 2013 年の 1 年間では、60 ～ 64 歳の常用労働者が、法改正により平均 0.425 人増加している。そして、ATT 推計値は年々値が高くなり、2019 年は 2012 年に比べて、平均で 2.668 人増加している。

　他方、企業内の年齢構成にも変化が見られるのだろうか。64 歳までの常用労働者に占める 60 ～ 64 歳の常用労働者比率を目的変数とした下表を見ると、若干ではあるが比率が増加していることがわかる。単位は「%」なので、2012 年に比べると、法改正によって 2013 年は平均で 0.143%、2019 年は平均で 0.823% 上昇している。

第 2-4-7 表　60 ～ 64 歳の常用労働者数、常用労働者比率に対する 2013 年法改正の効果

60 ～ 64 歳の常用労働者数

	NN マッチング					Kernel マッチング				
	N（処置群）	N（対照群）	ATT	S.E.	t	N（処置群）	N（対照群）	ATT	S.E.	t
2012 年 vs 2013 年			0.425	0.155	2.73			0.423	0.155	2.72
2012 年 vs 2014 年			0.714	0.248	2.88			0.709	0.248	2.85
2012 年 vs 2015 年			0.956	0.276	3.46			0.949	0.276	3.44
2012 年 vs 2016 年	51504	45701	1.740	0.356	4.89	51495	45701	1.731	0.356	4.87
2012 年 vs 2017 年			2.178	0.406	5.36			2.168	0.406	5.34
2012 年 vs 2018 年			2.401	0.431	5.57			2.390	0.431	5.55
2012 年 vs 2019 年			2.668	0.483	5.53			2.655	0.483	5.50

60 ～ 64 歳の常用労働者比率（64 歳までの常用労働者に占める比率）

	NN マッチング					Kernel マッチング				
	N（処置群）	N（対照群）	ATT	S.E.	t	N（処置群）	N（対照群）	ATT	S.E.	t
2012 年 vs 2013 年			0.143	0.021	6.84			0.143	0.021	6.83
2012 年 vs 2014 年			0.338	0.027	12.41			0.338	0.027	12.40
2012 年 vs 2015 年			0.451	0.032	13.96			0.451	0.032	13.95
2012 年 vs 2016 年	51504	45701	0.592	0.037	16.10	51495	45701	0.592	0.037	16.10
2012 年 vs 2017 年			0.741	0.041	18.17			0.741	0.041	18.16
2012 年 vs 2018 年			0.762	0.043	17.54			0.761	0.043	17.53
2012 年 vs 2019 年			0.823	0.046	18.08			0.823	0.046	18.08

4．考察

　以上から、2013 年法改正によって、そのターゲット層である 60 ～ 64 歳の常用労働者数や比率が増加していることがわかった。7 年間で 1 企業当たり平均約 2.7 人、0.8% の増加を、増えていると捉えるか、ほぼ変化がないと捉えるかは議論が分かれるところだろう。しかし、60 ～ 64 歳において、短期的な契約を締結している労働者でもなく、また 1 週間の労働時間が 20 時間を切る短時間労働者でもない常用労働者が、この法改正の効果として着実に増えているという評価はできる。

　ただし、この解釈には留意しなければならない点がいくつかある。1 つは、本章で用いた『高

年齢者の雇用状況』が、31 人以上の常用労働者を雇用している企業のみを調査対象としている点である。したがって、常用労働者 30 人未満の企業における法改正の効果が、今回の結果には反映されていない。

　2 つめは、2012 年をベースラインに ATT 推計値を算出している点である。2012 年よりも前に、2013 年法改正に向けた準備を整えた企業は、少なからず存在しただろう。したがって、希望者全員に 65 歳までの継続雇用の場を提供するという 2003 年からの流れ全体から見ると、算出された推計値はその一部であると解釈すべきだろう。

　3 つめは、年金をはじめとする高年齢期の社会保障の影響を考慮に入れていない点があげられる。高年齢期の稼得賃金以外の収入は、高年齢者個人の就業決定や賃金を左右する[13]だけでなく、企業の行動にも影響し得る。理論的には、在職老齢年金や高年齢雇用継続給付[14]は留保賃金を低めるため、高年齢者の労働供給曲線の下方シフトを引き起こすと同時に、企業の需要曲線の下方シフトも引き起こすとされる。しかし、この理論的予測を JILPT が行なった『高齢者の雇用・採用に関する調査』データで検証した浜田（2010）によると、企業の賃金は継続雇用率に負の影響を与えていたものの、あまり大きな影響ではなかった。したがって、在職老齢年金や高年齢雇用継続給付によって高年齢者がより低い賃金でも働くという労働供給側への効果を超えて企業が賃金を引き下げているとは言えないと述べている。同じデータを使った山田（2010）も、企業の 60 歳以上の継続雇用率にこれらの公的給付は有意な影響を与えていないとしている。これらの結果は、本章の分析から得られた 60 ～ 64 歳の常用労働者数や比率の増加分は、2013 年法改正による影響が主であり、公的給付はあまり影響していないことを示唆する。他方、山田（2010）では、企業年金と継続雇用率の関係も分析しており、両者に有意な負の関連を確認している。つまり、企業年金を継続雇用時の年収保障に組み込むことは、継続雇用率を低下させる効果がある。

　4 つめに、日本の人口ピラミッドにおける年齢構成の効果が、結果に反映されている可能性がある。市場全体で見る 2010 年代の 60 ～ 64 歳の常用労働者数や比率はほぼ横ばいだが（第 2-3-3 図）、この時期、最も人口が多い団塊世代（1947 年～ 1949 年生まれ）は 60 代中頃から後半に差し掛かっている[15]。つまり、2010 年代の 60 代前半の人口は、ピークを超えた後の減少期を迎えていたため、この年齢層の労働者数や比率が増加する余地は、そもそも大きくなかったのかもしれない。

5. どのような企業で 65 歳以上の常用労働者数や比率が増えたのか

　2010 年代に 65 歳以上の労働者数と比率が急増しているのも、この世代効果の影響が大き

---

[13]　年金受給状況や金額、支給開始年齢が個人の就業に与える影響は、研究蓄積が非常に多い。在職老齢年金と就業の関係も高年齢期就業に関する労働経済学の主要テーマの 1 つであり、清家・山田（2004）や田村（2017）にまとめられている。多くの先行研究が明らかにしたこととして、在職老齢年金は 60 代前半層の就業を抑制する効果があるものの、2000 年以降は抑制効果が逓減している。

[14]　高年齢雇用継続基本給付金と高年齢再就職給付金がある。

[15]　団塊世代は、2012 年に 63 ～ 65 歳、2019 年には 70 ～ 72 歳を迎えている。

いものと考えられる。65歳以上の労働者は2013年法改正の対象ではなかったが、2021年4月に施行された法改正では、70歳までの就業確保を努力義務とする規定が組み込まれている。この流れは、65歳までの雇用確保を義務化した時と同様であり、現在も70歳までの就業機会の確保を義務化する方向で進められている。そこで、どのような特徴を持った企業が2010年代に65歳以上の雇用を伸ばしたのかを分析し、今後の影響を考察したい。

　第2-4-8表は、各企業の65歳以上の常用労働者数、及び常用労働者全体に占める比率について、2012年から2019年の変化を目的変数に採り、OLSで分析した結果を表している。独立変数には、2012年の業種、従業員規模、地域、組合の有無、定年到達者の有無、定年制度、継続雇用制度に関する情報を用いた。その結果、従業員規模以外の変数の影響は、人数の変化にも比率の変化にも同様の傾向を示していた。業種で見ると、運輸業、郵便業、宿泊業、飲食サービス業、医療、福祉、サービス業（その他）、不動産業、物品賃貸業、建設業は、製造業に比べて、65歳以上の常用労働者数、比率の増加幅が大きい。また、制度面では、継続雇用制度、特に希望者全員が65歳以上まで働くことができる制度が整備されていた企業は、制度がない企業に比べて、労働者数も比率も増加している。反対に、情報通信業や金融、保険業は製造業に比べて、65歳以上の労働者数や比率の増加幅が小さい。また、2012年時点で定年年齢を64歳以下に定めていた企業や、労働組合のある企業は、65歳以上の労働者数、比率の増加幅が小さい。従業員規模については、労働者数と正相関、比率とは負の相関が見られる。つまり、常用労働者数が多い企業ほど、2012年から2019年にかけて65歳以上の常用労働者数が増加している。ただし、企業全体の常用労働者に占める比率は、小規模企業ほど増加幅が大きい。

第2-4-8表　どのような企業で65歳以上の常用労働者数、比率が増えたか（OLS）

	常用労働者数			常用労働者比率		
	Coef.	S. E.	t	Coef.	S. E.	t
業種（vs. 製造業）						
農林漁業	3.355	1.951	1.72	1.774	0.318	5.57
鉱業	1.403	4.079	0.34	1.043	0.666	1.57
建設業	3.550	0.587	6.04	1.792	0.096	18.68
電気・ガス・熱供給・水道業	-2.204	2.489	-0.89	-0.348	0.406	-0.86
情報通信業	-2.626	0.709	-3.70	-1.566	0.116	-13.52
運輸業、郵便業	5.251	0.489	10.74	4.690	0.080	58.79
卸売、小売業	3.192	0.410	7.78	0.266	0.067	3.97
金融、保険業	-5.940	1.184	-5.02	-1.297	0.193	-6.71
不動産業、物品賃貸業	10.638	1.044	10.19	1.068	0.170	6.26
学術研究、専門・技術サービス業	1.800	0.841	2.14	0.099	0.137	0.72
宿泊業、飲食サービス業	8.699	0.819	10.62	3.635	0.134	27.18
生活関連サービス業、娯楽業	3.149	0.805	3.91	2.291	0.131	17.45
教育、学習支援業	-1.679	0.855	-1.96	-1.182	0.140	-8.46
医療、福祉	3.764	0.404	9.31	1.085	0.066	16.44
複合サービス事業	1.690	1.335	1.27	0.663	0.218	3.04
サービス業（その他）	13.837	0.497	27.82	4.600	0.081	56.64
公務	0.409	15.766	0.03	-1.332	2.574	-0.52
分類不能	2.537	4.587	0.55	0.609	0.749	0.81
従業員規模（vs. 31～50人）						
51～100人	1.199	0.325	3.69	-0.106	0.053	-2.00
101～300人	4.798	0.358	13.40	-0.761	0.058	-13.01
301～500人	11.969	0.628	19.07	-1.448	0.102	-14.13
501～1000人	21.166	0.744	28.46	-1.669	0.121	-13.75
1001人以上	66.202	0.871	76.00	-2.108	0.142	-14.82
地域（vs. 北海道）						
東北	-0.861	0.784	-1.10	-0.290	0.128	-2.26
関東	-1.359	0.680	-2.00	-1.476	0.111	-13.29
中部	-1.566	0.700	-2.24	-0.961	0.114	-8.41
近畿	-1.314	0.710	-1.85	-1.222	0.116	-10.54
中国	-0.893	0.799	-1.12	-0.482	0.130	-3.70
四国	-0.576	0.935	-0.62	-0.531	0.153	-3.48
九州	-0.005	0.734	-0.01	0.332	0.120	2.77
組合あり	-2.045	0.367	-5.58	-0.152	0.060	-2.54
定年制度（vs. なし）						
あり（定年年齢64歳以下）	-1.936	1.078	-1.80	-3.524	0.176	-20.02
あり（定年年齢65歳以上）	1.531	0.976	1.57	-0.358	0.159	-2.25
継続雇用制度（vs. なし）				0.678	0.101	6.69
あり（基準該当者のみ）	0.222	0.622	0.36			
あり（希望者全員、64歳以下）	1.110	1.063	1.04	1.143	0.174	6.59
あり（希望者全員、65歳以上）	1.686	0.633	2.66	1.783	0.103	17.25
定年到達者あり	2.212	0.282	7.84	1.752	0.046	38.02
切片	0.047	1.117	0.04	5.443	0.182	29.86
N	109782			109782		
Adjusted R^2	0.071			0.121		

　これらの結果は、前述の60代前半の分析（第2-4-4表）において、処置群に入る確率が低い（対照群に入る確率が高い）企業で65歳以上の労働者数や比率がより増加していることを示している。すなわち、運輸業、郵便業、飲食サービスなどの対人サービス業、組合が組織化されていない企業、そして中小企業を中心に、65歳以上の常用労働者の雇用は既に

進んでいる。その主要因は、需要に対する労働力の供給不足だろう。また、人口の多い団塊世代の中で、年金だけでは十分な生活が賄えない一定数の高年齢者と、人手不足の企業とがマッチした結果、特定の業種等で65歳以上の雇用が伸びたとも解釈できる。これを踏まえると、将来的に70歳までの就業機会確保の義務化が更に進んだ場合も、65歳までの雇用が義務化された時と同様の展開を見せることが予想される。すなわち、義務化政策が施行されるかどうかに関わらず、人手不足の産業や中小企業では、希望すれば70歳あるいはそれ以上の年齢まで働き続けられる体制が自ずと構築されていくだろう。そして義務化政策が施行されれば、制度的にそのような体制を採っていない大企業や組合のある企業等でも、70歳までの継続雇用環境を整えることが、強いられるようになるだろう。

第5節　結果のまとめ、政策的インプリケーション

　本章では、2010年から2019年の『高年齢者の雇用状況』データを用い、2013年に施行された高年齢者雇用安定法の改正が、企業の60代前半層の雇用に対して与えた影響を分析した。具体的には、この改正によって企業の60〜64歳の常用労働者数と比率がどの程度変化したかを、傾向スコアマッチング法と差分の差の推定を合わせた手法（DID-PSM）によって推計した。

　まず、2013年法改正の影響を受けた企業の傾向を分析すると、情報通信業や金融・保険業、学術研究、専門・技術サービス業、卸売・小売業、そして常用労働者数が多い企業や労働組合が組織されている企業という特徴が挙げられた。次に、DID-PSMの結果、2013年法改正の影響を受けた企業群では、法改正が行われなかったと仮定した場合に比べて、60〜64歳の常用労働者数が2012年からの7年間で1企業当たり約2.7人、64歳までの全常用労働者に占める比率が約0.8%増加したことがわかった。すなわち、2013年法改正によって、それまで高年齢者雇用に比較的消極的だった企業も、働く場を提供していることが明らかになった。1年以上（見込みを含む）且つ所定労働時間が1週間で20時間以上という、短期間でも短時間でもない常用労働者の雇用が着実に増えている点は、本研究の大きな発見といえよう。さらに、今後の法改正の対象である65歳以上の労働者層についても、2010年代にどのような企業で常用労働者比率が増加したのかを分析した。その結果、運輸業や郵便業、飲食サービスなどの対人サービス業、組合が組織化されていない企業、そして中小企業で増加率が高いことがわかった。

　以上の結果をもとに、70歳までの就業確保を義務化した場合の影響を考察しよう。法律による70歳までの就業維持の影響は、65歳までの義務化時と同様に、金融・保険業等や中堅・大企業、組合が組織化されている企業の行動に大きく影響することが予想される。そのため、これらの企業を中心に、組織全体の年齢構成や賃金、人材の配置等を考慮しながら高年齢者の継続雇用を実現するという難易度の高い課題に再度取り組むこととなるだろう。た

だし、65歳時の義務化を進めた時とは状況が異なるので、その点に留意しなければならない。一つは、義務化の影響を受ける世代、つまり人口規模が異なる。団塊世代は2006年で57〜60歳、2013年で64〜66歳なので、65歳時の義務化を進めた時とこの世代が60代を過ごした10年間はちょうど重なっていた。それに対して、総務省統計局の『人口推計』によると、2021年に65歳を迎える世代の人口は約151万人[16]で、これは最も人口が多い世代（2014年に65歳だった世代の約221万人）の68.2%にあたる。当然ながら、70歳までの就業確保義務化の動きが制度的に進めば、その後の世代にも影響力が及ぶため、現時点で企業が採る行動を断言するのは難しい。しかし、長期的には人口が減少[17]していくことを踏まえると、仮に65歳までの義務化時よりも考慮すべき人件費総額が低く見込まれるとすれば、企業にとって導入の障壁は低いと考えられる。

　他方、70歳までの就業確保の義務化は、65歳までの義務化時よりも就業構造全体に大きな変化をもたらす可能性もある。というのも、2019年の段階で、70歳まで希望すれば働ける企業[18]は、全体の約10.5%（2019年『高年齢者の雇用状況報告』の調査対象企業161,153社のうち16,880社）しかないためだ。つまり、このまま70歳までの就業を義務づける改正法が施行されると、約9割もの企業がその影響を受けることになる。本来であれば、この数値と65歳までの雇用の努力義務を定めた2003年の比率を比較したいが、公表されている情報から2003年時点で義務化の影響を受ける企業の比率を算出することはできない。よって、65歳までの義務化と70歳までの義務化で影響を受ける企業の数にどの程度の違いがあるかは正確にはわからないが、相当の数の企業が70歳までの継続雇用等に伴う賃金・人事制度の見直しを迫られることが予想される。

　最後に、本章では、2013年法改正による60代前半層の継続雇用への影響を見てきたが、企業がどのように継続雇用を実現しているかを詳細に分析したわけではない。当然ながら、高年齢者を継続して雇用すれば、人件費負担も増す可能性があるため、各企業は賃金や仕事内容、仕事上の責任の重さなどを工夫することで、増加分に対応していると考えられる。これらの研究課題については、次章以降で詳細な分析が行われているため、そちらを参照していただきたい。また、使用データの制約のため、常用労働者を対象とした分析を行なったが、実際の雇用状況を踏まえると、どの雇用形態が法改正によって伸びたのかを分析する必要がある。つまり、常用労働者の中でも正規労働者が増加したのか、あるいはパートタイマーなど非正規労働者が増えたのかが明確になるような分析を行うことが望ましい。この点は、今後の課題である。

　さらには、高年齢者を継続雇用することによる企業全体の採用や賃金への影響を検証する

---

[16] 約151万人というのは、正確には2019年に63歳だった世代の人口である。

[17] 2021年の世代でいうと、60代前半〜50代まで年齢が下がるにつれて人口は減少し、40代中頃〜後半で再び人口が多い世代（いわゆる団塊ジュニア世代）がある。40代前半からは年齢が下がるにつれて、人口も減少する。

[18] 該当する企業には、「定年制度なし」、「定年制度があり、定年年齢が70歳以上」、「定年制度があり、定年年齢は69歳以下。且つ継続雇用制度があり、その対象が希望者全員で70歳以上まで雇用」の3パターンが含まれる。

ことも、今後の重要な研究課題である。高年齢者の雇用維持・確保が、若年層の採用抑制につながるのではないかという問題を扱った研究はこれまでも行われてきたが、そのような影響を示す証拠は得られていない（周 2012, Kondo 2016）。他方、2019 年に JILPT が実施した『高年齢者の雇用に関する調査（企業調査）』では、回答企業の 2 割弱が、60 代前半の雇用確保における課題として、「若年層が採用できず、年齢構成がいびつになる」点を挙げている（労働政策研究・研修機構 2020）。高年齢層の雇用が現役層の雇用に与える因果関係を厳密に検証することは難しいが、高年齢者だけでなく、現役層も意欲を持って働くことができる社会について考えるためには、解明が待たれるテーマである。

謝辞

　本章の作成に当たり、厚生労働省から『高年齢者の雇用状況』の個票データの提供を受けた。作成した集計表等は提供を受けた調査票情報を独自集計したものであり、ありうべき誤りはすべて著者の責任である。

参考文献

近藤絢子（2014a）「雇用確保措置の義務化によって高齢者の雇用は増えたのか：高年齢者雇用安定法改正の政策評価」『日本労働研究雑誌』642：pp.13-22.

近藤絢子（2014b）「高年齢者雇用安定法の影響分析」岩本康志・神取道宏・塩路悦朗・照山博司編『現代経済学の潮流　2014』東洋経済新報社：pp.123-152.

佐藤一磨（2013）「Propensity Score Matching 法を用いた男性のマリッジプレミアムの検証」『経済分析』187, pp.47-68.

周燕飛（2012）「高齢者は若者の職を奪っているのか―『ペア就労』の可能性」労働政策研究・研修機構編『高齢者雇用の現状と課題』労働政策研究・研修機構：pp.172-191.

清家篤・山田篤裕（2004）『高齢者就業の経済学』日本経済新聞社.

田村泰地（2017）「年金制度の改正が高齢者の就労に与える影響：日本を含む各国でのearning test（所得制限）に関する研究事例の紹介」『ファイナンス』52（11），pp.79-87.

戸堂康之（2008）「日本の ODA による技術援助プログラムの定量的評価―インドネシア鋳造産業における企業レベルデータ分析―」RIETI Discussion Paper Series 08-J-035.

濱口桂一郎（2014）『日本の雇用と中高年』筑摩書房.

浜田浩児（2010）「在職老齢年金、高年齢雇用継続給付が企業の継続雇用者賃金決定に及ぼす影響」『継続雇用等をめぐる高齢者就業の現状と課題』労働政策研究報告書 No.120, pp.120-130.

樋口美雄・山本勲（2002）「わが国の高齢者雇用の現状と展望：雇用管理・雇用政策の評価」『金融研究』第 21 巻別冊第 2 号, pp.1-30.

樋口美雄・山本勲（2006）「企業における高齢者の活用：定年制と人事管理のあり方」『少子化の経済分析』東洋経済新報社, pp.67-91.

藤本真（2017）「60代前半継続雇用者の企業における役割と人事労務管理」労働政策研究・研修機構編『人口減少社会における高齢者雇用』労働政策研究・研修機構, pp.71-98.

山田篤裕（2009）「高齢者就業率の規定要因：定年制度、賃金プロファイル、労働組合の効果」『日本労働研究雑誌』589, pp.4-19.

山田篤裕（2010）「60歳以前の雇用管理が60歳以降の継続雇用に与える影響—賃金プロファイルの形状および労働組合の存在」『継続雇用等をめぐる高齢者就業の現状と課題』労働政策研究報告書 No.120, pp.67-89.

山本勲（2008）「高年齢者雇用安定法改正の効果分析」樋口美雄・瀬古美喜編『日本の家計行動のダイナミズムⅣ：制度政策の変更と就業行動』慶應義塾大学出版会：pp.161-173.

労働政策研究・研修機構（2019）『データブック国際労働比較2019』.

労働政策研究・研修機構（2020）『高年齢者の雇用に関する調査（企業調査）』調査シリーズ No.198.

Caliendo, Marco and Sabine Kopeing（2008）"Some Practical Guidance for the Implementation of Propensity Score Matching," Journal of Economic Surveys, 22 (1), 31-72.

Heckman, James J., Hidehiko Ichimura, and Petra Todd（1997）"Matching as an Econometric Evaluation Estimator: Evidence from Evaluating a Job Training Programme," Review of Economic Studies, 64 (4), 605-654.

Kondo, Ayako（2016）"Effects of Increased Elderly Employment on Other Workers' Employment and Elderly's Earnings in Japan," IZA Journal of Labor Policy, 5: 2.

Kondo, Ayako and Shigeoka,Hitoshi（2017）"The Effectiveness of Demand-Side Government Intervention to Promote Elderly Employment: Evidence from Japan," Industrial Labor Relations Review, 70 (4), 1008-1036.

Lazear, Edward. P.（1979）"Why Is There Mandatory Retirement?" Journal of Political Economy, 87 (6), 1261-1284.

Rosenbaum, Paul R. and Donald B. Rubin（1983）"The Central Role of the Propensity Score in Observational Studies for Causal Effects," Biometrika, 70 (1), 41-55.

Smith, Jeffrey A. and Petra Todd（2005）"Does Matching Overcome LaLonde's Critique of Nonexperimental Estimators?" Journal of Econometrics, 125 (1-2), 305-353.

第3章　65歳までの雇用継続体制の要因とその影響

第1節　はじめに〜多様な「65歳までの雇用継続体制」

　少子高齢化の下で公的年金制度の継続可能性を高めることと、シニア労働者の高い就業意欲を活かすことを目的として行われてきた、内部労働市場（企業内）を活用する雇用継続政策は、2004年の高齢者雇用安定法の改正による「雇用確保措置の義務化」から本格的に進んだ。この「雇用確保措置の義務化」が施行された2006年4月から15年が経過し、「65歳までの雇用継続」はほとんどの企業で達成されている。2020年（令和2年）の厚生労働省『高年齢者の雇用状況』によれば、2020年6月1日時点で、従業員31人以上の企業164,033社のうち99.9%にあたる161,117社が65歳までの雇用確保措置を実施済みで、65歳を上限として希望者全員を継続雇用するという企業は67.0%[1]に達している。

　もっとも一口に「65歳までの雇用継続」と言っても、企業によって実施されている人事管理の内容は多様である。雇用確保措置義務化後の60歳以降の従業員を対象とした人事労務管理に関する調査・研究は、これまでも様々な事項に着目して、65歳までの雇用継続体制の多様性を明らかにしてきた。藤波・大木（2011）は、企業アンケート調査の結果を用いて、60歳前の正社員を対象とした人事労務管理と60代前半層を対象とした人事労務管理との間の継続性の有無が、60代前半層の企業における活用とどのような関係を持つかを分析した。また藤波（2013）は、企業アンケート調査の回答から、60代前半層の活用方針を形作る基礎的な項目として、定年前からの仕事内容の変化の有無と、労働時間の変化の有無という2項目を導き出し、それぞれにおける変化の有無により回答企業を4つの類型に分類し、60代前半層の賃金管理や従業員の働きぶりなどにおける、類型間の異同を明らかにしている。藤本（2017）は、60歳定年制企業における定年前後の仕事内容の継続性に着目して継続性の異なる3つの企業類型を設け、賃金管理や60代前半層の継続雇用における課題とどのように関連するかといった点や、60代後半層の雇用への影響といった点から各類型の特徴を示そうとした。さらに藤波・鹿生（2020）は、60代前半層の賃金設定を従業員の過去の状況に基づいて行うか、それとも現在の状況に基づくかという違いと、60代前半層の「戦力化」の度合いの違いが、60代前半層の労働意欲にどのような影響を与えているかを分析している。

　以上の調査・研究の概観からも、65歳までの雇用継続を行う企業における60代前半層を対象とした人事管理が、60歳定年までの仕事や処遇と継続雇用後の仕事や処遇との継続性や、労働時間や賃金の設定、戦力化に対する考え方など様々な点に沿って、多様化していることがわかる。加えて、65歳までの雇用継続体制が多様化していく動きとして、65歳定年

---

[1]　希望者全員が65歳以上勤務できる継続雇用制度の実施企業の比率（74.5%）から、希望者全員が66歳以上も勤務できる継続雇用制度を実施している企業の比率（7.5%）を引いて算出した。

制の広がりを挙げることができる。厚生労働省『就労条件総合調査』によれば、65歳定年制を実施する企業の割合は、徐々にではあるが上昇し続けている。常用雇用者30人以上の企業に占める65歳定年制企業の割合は2009年には10.5%であったが、2017年には16.0%[2]にまで上昇している。70歳までの就業継続を企業の努力義務とするなどの内容を含めた、改正高年齢者雇用安定法が2020年3月に成立し、2021年4月から施行されることや、2025年3月に継続雇用制度に係る経過措置の期限が到来し、すべての企業が希望者全員を65歳まで継続雇用しなければならなくなること、少子高齢化に伴う若年労働力不足が続くことなどを踏まえると、65歳定年制を採用する企業の割合は、これからも上昇することが予想される。

　本稿では、これまでの調査研究の内容を踏まえて、定年あるいは60歳を挟んでの仕事の継続性の有無から、65歳までの雇用継続体制の多様性を捉えていくとともに、近年の定年制の動向を踏まえて、定年年齢を、多様性を捉えていく視点として加える。その上で、65歳までの雇用継続体制における企業の特徴が、60代前半を対象とする人事労務管理の状況とどのように関連しているのかを明らかにしていく。具体的には、労働政策研究・研修機構（JILPT）が2019年に企業を実施したアンケート調査「高年齢者の雇用に関する調査（企業調査）」（以下、本稿では「JILPT企業調査」と記載）に回答した企業を、定年年齢と60歳前後における仕事の変化についての回答を基にいくつかのタイプに分け、それぞれのタイプに該当する企業において、60代前半の人事労務管理においてどのような課題が生じているのかについて[3]分析していく。

　さらに本稿では、65歳までの雇用継続体制における多様性の要因を探ることを試みる。これまでの調査研究では、65歳までの雇用継続体制における多様性と60代前半層を対象とした人事管理との関連や、65歳までの雇用継続体制における特徴がもたらす帰結については明らかにしてきたが、どのようにしてそうした特徴が生じるのかについては、さほど分析・検討が行われてこなかった。65歳までの雇用継続体制における特徴と、人事労務管理上のメリット・デメリットが結びつくのであれば、そうしたメリット・デメリットを制御していくためにも、特徴を生み出す要因について検討を行う必要があるだろう。本稿では、「JILPT企業調査」で企業に尋ねている、高年齢者の仕事や賃金についての考え方や評価に、65歳までの雇用継続体制のあり方を左右する要因を見出せないかを、分析・検討していく。

　以下、本稿は次のような構成をとる。第2節では、既存の調査研究を参照しながら、65歳までの雇用継続体制のあり方を左右する要因と65歳までの雇用継続体制との関係、さらには65歳までの雇用継続体制と60代前半の人事労務管理における課題との関係について、論理的な考察を行い、本稿における分析の枠組みを示す。第3節では、65歳までの雇用継

---

[2]　上述した2020年の厚生労働省『高年齢者の雇用状況』によれば、31人以上の企業における65歳定年制企業の割合は18.4%であり、前年に比べ1.2%増加している。

[3]　65歳までの雇用継続体制のあり方を含め、60歳以降の従業員をどのように雇用していくかという点と、60代前半層の賃金との関連については、本書第4章で分析が行われているので、そちらを参照されたい。

続体制の多様性を、本稿でどのように捉えていくかについて説明し、65歳までの雇用継続体制の特徴を示すいくつかのタイプを提示する。第4節では、雇用継続体制のあり方を左右する要因を探る試みとして、高年齢者の仕事や賃金についての考え方や評価と、65歳までの雇用継続体制との関連について分析を行う。第5節では、65歳までの雇用継続体制のあり方が、60代前半層の人事労務管理においてどのような課題を発生させているのかについて分析・検討する。最終節の第6節では、第5節までの分析・検討の結果を踏まえて、人事労務管理のあり方をはじめとした60代前半層の就業環境に関連して、今後求められる取組みについて考察していく。

第2節　本稿での分析に関する論理的考察

1.　高年齢者に対する評価と65歳までの雇用継続体制のあり方

　本稿では企業における65歳までの雇用継続体制の多様性を捉える上で、60歳前後の仕事の継続性を観点の1つとしていくが、この仕事の継続性には、企業の人事労務管理活動のうち、配置に関わる活動が関係してくる。従業員の配置には、企業のその時々の人材ニーズや人材育成の意図のほか、従業員に対する評価が反映される。特に従来から雇用し続けている従業員の配置（従来からの仕事の継続・別の仕事への異動）にあたっては、その従業員に対する評価が反映されやすい。

　評価が配置に反映される場合、基本的には従業員個々人に対する評価が反映されるものと考えられるが、その従業員が該当する「集団」が企業の人事労務管理の取組みの中で設定され、そうした集団に対する評価が反映されることも少なくない。この集団は、例えば、性別、職種などに基づく社員区分、勤続年数などによって設定され、年齢もまた、企業の人事労務管理における集団設定の際の主要な基準の1つである。各企業の65歳までの雇用継続体制のあり方は、個々の高年齢従業員に対する評価から配置に至る事例の蓄積に基づいて形成されてきたと考えることができると同時に、60歳以上の高年齢従業員という「集団」に対する評価が反映されている可能性も否めない。

　以上を踏まえて、本稿では、各企業の60代前半の従業員に対する評価の内容が、65歳までの雇用継続体制のあり方を左右していると仮定し、分析を行う。上述のように、本稿では65歳までの雇用継続体制のあり方を配置に関わる側面から捉えていくので、60代前半の従業員に対する評価も、配置に関連すると思われる事項を中心に分析の対象としていく。具体的には、①60代前半の従業員が担う仕事・役割に関わる考え方・配慮と、②60代前半の従業員を対象とした賃金制度についての考え方を取り上げる。①は60代前半の従業員に担ってほしい、あるいは担うべきと考える仕事・役割について、企業の評価が反映されているものと考えられる。②は60代前半の従業員に対する報酬の扱いに関する事項であり、報酬に対応する仕事や役割についての企業の評価が反映されているものとして捉える。

2. 65歳までの雇用継続体制のあり方の影響

前節で述べた通り、本稿では65歳までの雇用継続体制と、60代前半の人事労務管理における課題との関連を分析していく。この「課題」は、65歳までの雇用継続体制の「効果」にかかわる見解として捉えることができる。

では「効果」として捉えるべき内容としては、どういったものが考えられるか。人事労務管理の効果に関する研究をサーベイした、Pecci, Van De Voorde,and Van Veldhoven (2013) によると、人事労務管理の効果を捉える上で多くの研究が着目してきたのは、'employee well-being（WB）' と 'organizational performance（OP）' であるという。WBは、個々の従業員の主観的な経験や職場での働きぶりの質として定義され、仕事に対する満足度や、労働に関連した肯定的・否定的な感情、組織へのコミットメントなどが該当する。

一方OPは、組織が実施する人事労務管理と直接的に結びつく 'proximal outcome' と、組織全体のパフォーマンスに反映される 'distal outcome' に大別される。前者に該当するのは、欠勤率、離職率、生産性、組織から提供される財やサービスの質などであり、後者に該当するのは、財・サービス市場における成果（売上高、シェアなど）や、財務・経理上の成果である。

本稿では、Pecciらが挙げたWBに該当する事項に焦点を当てる。また、OPのうち 'distal outcome' については「JILPT企業調査」における質問への回答から推し量ることが難しいため、'proximal outcome' に該当する事項を分析の対象とする。これらの事項に関して、企業がどのような課題を感じているのかという点と、65歳までの雇用継続体制という企業の人事労務管理のあり方との関係を分析していく。

本節の1で述べた内容と、このセクションで述べた内容をまとめ、本稿における分析のフレームワークを示すと、第3-2-1図のようになる。

第3-2-1図　本稿における分析のフレームワーク

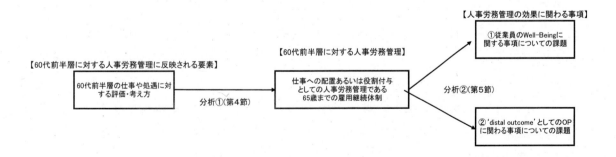

第3節　65歳までの雇用継続体制

1．本稿で分析の対象とする65歳までの雇用継続体制のタイプ

「JILPT企業調査」に回答している企業5,891社のうち、94.7%にあたる5,578社には定年制が設けられていた。定年制が設けられている企業に、最も多くの従業員が該当する定年年齢を尋ねたところ、60歳と回答した企業が4,218社（回答企業の71.6%）、65歳と回答した企業が1,033社（同・17.5%）で、両者合計で回答企業の89.1%を占める。なお、定年年齢が61～64歳の企業は189社（同・3.2%）、66歳以上の企業は108社（同・1.8%）であった。

次に、回答企業の大半を占める60歳定年制企業および65歳定年制企業において、60代前半の従業員の仕事について、どのようなものが最も多いかを整理した。ここでは60代前半の従業員の仕事を、60歳頃と比べて、①まったく同じ仕事、②同じ仕事であるが、責任の重さが軽くなる、③同じ仕事であるが、責任の重さが重くなる、④一部異なる仕事、⑤まったく異なる仕事、⑥その他、の6つのタイプとして表している。

第3-3-1表に、60歳定年制企業および65歳定年制企業における6つのタイプの分布を示した。60歳定年制企業では「定年前（60歳頃）と同じ仕事であるが、責任の重さが軽くなる」という回答が46.1%で最も多く、「定年前（60歳頃）とまったく同じ仕事」が36.5%でこれに次ぐ。この2つで60歳定年制企業の82.7%を占めている。「定年前（60歳頃）と一部異なる仕事」、「定年前（60歳頃）とまったく異なる仕事」といった、60歳頃と異なる仕事になるというケースが最も多いと言う企業は合わせて7%、「定年前（60歳頃）と同じ仕事であるが、責任の重さが重くなる」という企業の比率は1%未満である。つまり60歳定年制企業の継続雇用後の従業員の仕事については、定年前（60歳頃）とまったく変えないという企業と、定年前（60歳頃）とは責任や内容の面で変えるという企業に大別される。ただ、定年前（60歳頃）とは責任や内容の面で変えるという企業のうち、定年前（60歳頃）と同じ仕事であるが責任の重さが重くなるという企業は、定年前までの仕事を継続する従業員に、さらに責任を付与するという企業と考えられ、他の責任や仕事の内容を変えるという企業とは性格が異なると見られる。また60歳定年制企業に占める比率もごくわずかであることから、以下の分析では対象から除外する。本稿では、60歳定年制企業の65歳までの雇用継続体制のあり方として、定年後も仕事を変えないタイプ（以下では「60歳定年制＋無変化タイプ」と記載）と、定年後、仕事の責任が軽くなったり、内容が変わったりするタイプ（以下では「60歳定年制＋変化タイプ」と記載）の2つを設定する。

一方、65歳定年制企業では、60歳頃とまったく同じ仕事という回答が約7割を占める。60歳頃とは責任や内容の面で変えるという企業は2割弱（192社）で、回答企業全体（5,891社）における比率は3.3%とごくわずかなので、本稿の分析の対象からは除外する。65歳定年制企業の雇用継続体制のあり方としては、60代前半も60歳頃とまったく同じ仕事をして

いるというタイプ1つを、「65歳定年制タイプ」として設定する。

　以上、「60歳定年制＋無変化タイプ」、「60歳定年制＋変化タイプ」、「65歳定年制タイプ」の3タイプが、本稿で分析の対象とする、65歳までの雇用継続体制となる。回答企業中、「60歳定年制＋無変化タイプ」は1,540社（26.1%）、「60歳定年制＋変化タイプ」は2,240社（38.0%）、「65歳定年制タイプ」は702社（11.9%）で、3つのタイプを合わせると、回答企業全体の76.1%を占める。

第3-3-1表　60歳定年制企業・65歳定年制企業における60代前半の従業員の仕事

（単位：%）

	n	定年前（60歳頃）とまったく同じ仕事	定年前（60歳頃）と同じ仕事であるが、責任の重さが軽くなる	定年前（60歳頃）と同じ仕事であるが、責任の重さが重くなる	定年前（60歳頃）と一部異なる仕事	定年前（60歳頃）とまったく異なる仕事	その他	無回答
60歳定年制企業	4218	36.5	46.1	0.4	6.4	0.6	0.7	9.3
65歳定年制企業	1033	68.0	14.4	0.4	3.6	0.2	0.4	13.1

2. 業種・規模・平均年齢と3タイプとの関連

　65歳までの雇用継続体制の各類型と、企業の基本的な属性との関連を確認しておく。第3-3-2表に、業種毎、従業員規模毎、正社員の平均年齢別毎に、3類型の分布状況をまとめた。

　第3-3-2表によれば、製造業に該当する業種や電気・ガス・熱供給・水道業、卸売・小売業、金融・保険業は、回答企業全体よりも60歳定年制＋変化タイプの比率が5ポイント以上高い。とりわけ金融・保険業は20ポイント近く高く、また製造業に該当する業種も輸送用機械器具製造業を除けば、いずれも10ポイント以上高くなっている。逆に回答企業全体よりも5ポイント以上比率が低い業種は、情報通信業、運輸業、不動産業、飲食業・宿泊業、医療・福祉業、サービス業で、特に運輸業は約16ポイントと、回答企業全体における比率との開きが大きい。

第 3-3-2 表　業種別・従業員規模別・正社員の年齢別に見た各類型の分布

（単位：％）

	n	60 歳定年制＋変化	60 歳定年制＋無変化	65 歳定年制
回答企業計	5891	38.0	26.1	11.9
【業種】				
建設業	382	34.8	32.2	13.9
一般機械器具製造業	188	50.0	24.5	*6.9*
輸送用機械器具製造業	151	47.0	29.1	*4.6*
精密機械器具製造業	117	50.4	28.2	7.7
電気機械器具製造業	152	53.3	27.6	*5.3*
その他の製造業	739	54.4	24.4	*6.4*
電気・ガス・熱供給・水道業	24	54.2	*16.7*	*0.0*
情報通信業	170	*27.1*	21.2	7.1
運輸業	468	*22.2*	29.3	18.6
卸売・小売業	843	47.7	25.6	7.2
金融・保険業	56	57.1	*12.5*	8.9
不動産業	60	*28.3*	25.0	13.3
飲食業・宿泊業	235	*30.6*	*18.3*	14.9
医療・福祉	1140	*29.4*	31.2	16.8
教育・学習支援業	241	37.8	22.4	18.3
サービス業	706	*31.7*	21.1	13.5
【従業員規模】				
100 人未満	2771	33.2	27.1	12.7
100 〜 299 人	2131	41.7	27.4	11.5
300 〜 999 人	694	46.5	21.6	10.4
1000 人以上	167	49.1	*17.4*	10.2
【正社員の平均年齢】				
30 歳未満	448	*26.6*	25.7	12.1
30 歳代	1632	41.2	23.4	8.0
40 歳代	3291	41.9	27.1	11.8
50 歳代	464	*14.7*	30.4	23.7
60 歳以上	56	*1.8*	*17.9*	35.7

注 1）記載した 3 タイプに該当しない企業や、65 歳までの雇用継続体制が不明な企業は除いてあるので、3 タイプの比率の合計は 100% にはならない。
　 2）網掛けをしている数字は、回答企業全体の比率より 5% 以上高いもの。斜字で下線を引いている数字は、回答企業全体の比率より 5% 以上低いもの。

　一方、60 歳定年制＋無変化タイプは、建設業や医療・福祉で、該当する企業の比率が回答企業全体の比率より 5 ポイント以上高く、3 割を超えている。また、65 歳定年制は運輸業や教育・学習支援業で回答企業全体の比率より 5 ポイント以上高く、2 割近い比率となっているが、製造業に該当する各業種は軒並み回答企業全体の比率よりも 5 ポイント以上比率が低く、5% 前後にとどまる。

　従業員規模別の分布状況を見ると、60 歳定年制＋変化タイプに該当する企業の比率は、従業員規模が大きいほど高くなる。逆に、60 歳定年制＋無変化タイプに該当する企業の比率は、規模が大きくなるほど低くなる傾向にある。65 歳定年制タイプに該当する企業の比率は、規模が大きいほど低くはなるが、集計グループ間で大きな差異は見られない。

　正社員の平均年齢も、組織の人的構成における特徴を示す要素であるとともに、65 歳ま

での雇用継続体制をはじめとする、高年齢従業員を対象とした人事労務管理のあり方に大きな影響を与えうる。平均年齢別の集計の結果によると、平均年齢 30 歳代以上の集計グループに関しては、平均年齢が高い集計グループほど、60 歳定年制＋無変化タイプに該当する企業と 65 歳定年制タイプに該当する企業の比率が高くなっていく。平均年齢 30 歳代の企業では両タイプに該当する企業の比率が 31.4% であるのに対し、平均年齢 50 歳代の企業では 54.1%、60 歳代の企業では 53.6% に達する。また、平均年齢がより高い集計グループほど、65 歳定年制タイプに該当する企業の比率が高まっていく傾向にあり、特に平均年齢 50 歳代以上の集計グループではその傾向が顕著である。平均年齢 40 歳代以下の集計グループでは、65 歳定年制タイプに該当する企業の比率は 10% 前後であるが、50 歳代の集計グループでは 23.7%、60 歳代の集計グループでは 35.7% となっている。

正社員の平均年齢が 50 歳以上で、中高年正社員の比重が高いと見られる企業では、①業務遂行に必要な人材を確保するために、正社員が定年（60 歳）に到達した後も同様の仕事を継続させている、②定年（60 歳）に到達した正社員の責任や業務の内容を変更した際、その責任や業務を引き継ぐより若い年齢の正社員が不足している、といった事態が生じているために、60 歳定年制＋無変化タイプや、65 歳定年制タイプが多数を占めているものと推測される。あるいは 60 歳以降の仕事が変わらない雇用継続体制を採る企業では、60 歳以降も勤務し続ける正社員が多くなり、正社員の平均年齢が高くなっているという見方もできる。

第 4 節　高年齢者の仕事・役割や賃金に対する企業の考えと 65 歳までの雇用継続体制

仕事への配置あるいは役割付与としての人事労務管理活動として捉えることができる、各社の 65 歳までの雇用継続体制に反映される要素として、すでに述べた通り、本稿では、60 代前半の従業員の仕事や役割に対する各企業の評価と、高年齢従業員の賃金についての各企業の考え方に着目する。

「JILPT 企業調査」の中では、60 代前半の従業員を仕事に配置する上で配慮する点を、複数回答可の形で各企業に尋ねている。本稿ではこの設問で選択肢として挙げられている事項のうち、選択／非選択が、60 代前半の従業員を配置する仕事や担うべき役割についての各企業の評価・考え方を反映すると考えられる、「慣れている仕事に継続して配置すること」、「肉体的に負担の少ない仕事に配置すること」、「労働力が不足している部署に優先的に配置すること」、「技能やノウハウの継承が円滑に進むようにすること」、「特に配慮することはない」の 5 つの事項への回答状況を取り上げる。

また、高年齢従業員の賃金に対する考え方は、賃金の見返りとして高年齢従業員に期待する仕事や役割についての企業の考え方・評価を反映しているものと捉えて、65 歳までの雇用継続体制に反映される要素と考える。JILPT 企業調査の中では、60 歳以上のフルタイム勤務者に対する賃金制度についての考え方を示す 8 つの事項を挙げ、各事項に同意する程度

を5段階尺度で尋ねている。本稿では、高年齢者の賃金そのものに焦点をあてている「定年後の高年齢者も、評価制度に基づき賃金を決めるのが望ましい」、「定年後でも仕事が同じなら原則、賃金は下げるべきではない」、「会社は雇用確保のために再雇用するのだから、賃金が低下しても構わない」、「賃金の原資が限られており、高年齢者の賃金が高いままだと現役世代の賃金が下がるので、高年齢者の賃金を下げても構わない」という4つの事項への回答状況を、分析の対象とする。

　以下では、二項ロジスティック回帰モデルを用いて、60代前半の従業員の仕事・役割や賃金に対する企業の考えが、65歳までの雇用継続体制のあり方を左右するかについての検証を行う。具体的には、60歳定年制＋無変化タイプに該当するか否かと、65歳定年制タイプに該当するか否かをそれぞれ目的変数とする（いずれの変数も該当する場合に1、該当しない場合に0となる）2つのモデルを使って分析する。

　説明変数のうち、60代前半の従業員の仕事や役割に対する各企業の評価に関わる事項については、60代前半の従業員を仕事に配置する上で配慮する点のうち、「慣れている仕事に継続して配置すること」、「肉体的に負担の少ない仕事に配置すること」、「労働力が不足している部署に優先的に配置すること」、「技能やノウハウの継承が円滑に進むようにすること」、「特に配慮することはない」の各選択肢に対する回答の有無を、ダミー変数（選択している場合には1、選択していない場合には0をとる）として取り扱う。もう1つの説明変数群である、高年齢従業員の賃金についての各企業の考え方については、「定年後の高年齢者も、評価制度に基づき賃金を決めるのが望ましい」、「定年後でも仕事が同じなら原則、賃金は下げるべきではない」、「会社は雇用確保のために再雇用するのだから、賃金が低下しても構わない」、「賃金の原資が限られており、高年齢者の賃金が高いままだと現役世代の賃金が下がるので、高年齢者の賃金を下げても構わない」の各事項への回答を、「そう思う」＝5点、「ややそう思う」＝4点、「どちらとも言えない」＝3点、「あまりそう思わない」＝2点、「そう思わない」＝1点として得点化し、変数とした。

　また、前節で見た通り、65歳までの雇用継続体制は、業種や従業員規模、各企業の正社員の平均年齢によって左右されると考えられる。そこでこれらの事項を統制変数としてモデルに加えた。業種はサービス業をレファレンス・グループとして、各業種に該当する場合に1をとるダミー変数として、従業員規模は100人未満の企業をレファレンス・グループとし、100〜299人、300〜999人、1000人以上のそれぞれに該当する場合に1を取るダミー変数として設定した。また正社員の平均年齢は、各企業からの回答をそのまま値とする変数とした。

　その他、65歳までの雇用継続体制に影響を与えうる要因と考えることができる、「労使協議機関の有無」と「60歳直前での給与」も統制変数として扱う。従業員側の意見を集約・代表する労使協議機関は、従業員の雇用機会に関わる65歳までの雇用継続体制のあり方に関心を寄せ、発言などを通じて何らかの影響を及ぼしていることが予想される。また、「60

歳直前の給与」のレベルがより高水準であると、60歳以上の従業員に高い賃金を支払うのを避けるために、60歳を挟んで仕事や役割を変える傾向がより強くなるものと考えられる。「労使協議機関の有無」は、ある場合に1、ない場合に0を取るダミー変数として、「60歳直前の給与」については、「JILPT企業調査」の中で、正社員の初任給を100とした場合の指数として回答を得ているので、その回答をそのまま値とする変数として取り扱う。

第3-4-1表に、65歳までの雇用継続体制の3タイプそれぞれへの該当の有無を目的変数とした分析結果を示した。なお本章における統計解析の分析結果表においては、10%有意水準で目的変数と有意な関係が認められる変数に印をつけている。

3タイプ中最も数の多い60歳定年制＋変化タイプに該当することについて、分析結果を見ていくと、まず、高年齢者の仕事に対する考え方を示す5項目すべてとの間に、統計的に有意な関係が見られる。うち「慣れている仕事に継続して配置すること」、「肉体的に負担の少ない仕事に配置すること」、「労働力が不足している部署に優先的に配置すること」、「技能やノウハウの継承が円滑に進むようにすること」とは正の相関、「特に配慮することはない」とは負の相関が認められる。「労働力が不足している部署に優先的に配置すること」、「技能やノウハウの継承が円滑に進むようにすること」といった組織のニーズを考慮する事のほか、「慣れている仕事に継続して配置すること」、「肉体的に負担の少ない仕事に配置すること」といった個々の従業員の都合を配慮する事もまた、定年後の仕事や仕事に関わる責任を変化させることにつながっていることがわかる。

第 3-4-1 表　65 歳までの雇用継続体制 3 タイプへの該当の有無：二項ロジスティック分析

	60 歳定年制＋変化タイプ		60 歳定年制＋無変化タイプ		65 歳定年制タイプ	
	B	Exp（B）	B	Exp（B）	B	Exp（B）
【高年齢者の仕事に対する考え方】						
慣れている仕事に継続して配置	0.509	1.663 ***	0.625	1.868 ***	−0.084	0.920
肉体的に負担の少ない仕事に配置	0.485	1.625 ***	−0.729	0.482 ***	−0.085	0.918
労働力不足の部署に配置	0.350	1.419 *	−0.258	0.773	0.301	1.351
技能やノウハウの円滑な継承に配慮	0.674	1.962 ***	−0.344	0.709 ***	−0.531	0.588 ***
特に配慮することはない	−1.229	0.293 ***	0.344	1.410 +	1.156	3.177 ***
【高年齢者の賃金に対する考え方】						
高齢者の賃金は評価に基づくべき	−0.099	0.906 **	−0.070	0.933 +	0.097	1.102 +
仕事が同じなら定年後も下げるべきではない	−0.170	0.843 ***	0.105	1.111 **	0.138	1.148 **
雇用確保のため賃金を下げても構わない	0.041	1.041	−0.021	0.979	−0.023	0.977
現役世代に配慮して賃金を下げても構わない	0.165	1.179 ***	−0.101	0.904 *	0.131	0.877 *
【従業員規模 (ref.100 人未満)】						
100〜299 人	0.343	1.409 ***	−0.032	0.969	−0.122	0.885
300〜999 人	0.577	1.781 ***	−0.240	0.786 *	−0.171	0.843
1000 人以上	0.437	1.548 *	−0.332	0.717	−0.009	0.991
【業種 (ref. サービス業)】						
建設業	−0.032	0.968	0.468	1.596 **	0.131	1.140
機械・金属	0.388	1.473 **	0.316	1.371 *	−0.739	0.478 **
製造業 (機械・金属以外)	0.615	1.850 ***	0.201	1.222	−0.704	0.495 **
電気・ガス・水道・熱供給	0.795	2.214 +	−0.367	0.693	−19.298	0.000
情報通信	−0.034	0.966	−0.012	0.988	−0.333	0.717
運輸	−0.503	0.604 **	0.282	1.325 +	0.216	1.241
卸売・小売	0.501	1.651 ***	0.186	1.204	−0.663	0.515 **
金融・保険・不動産	0.287	1.333	−0.133	0.876	−0.210	0.811
飲食・宿泊	−0.106	0.900	−0.215	0.807	0.164	1.178
医療・福祉	−0.247	0.781 *	0.420	1.522 **	0.194	1.214
教育・学習支援	0.034	1.034	0.104	1.110	0.489	1.631 *
労使協議機関あり	0.306	1.359 ***	−0.270	0.763 **	−0.474	0.623 ***
正社員の平均年齢	−0.008	0.992 **	−0.002	0.998	0.021	1.021 ***
60 歳直前の給与月額 (指数)	0.001	1.002 ***	−0.001	0.999	0.000	1.000
定数	−1.013	0.363 **	−0.964	0.381 **	−2.869	0.057 ***
−2 対数尤度	5494.851		5182.226		3119.454	
Nagelkerke R2 乗	0.211		0.072		0.122	
N	4653		4653		4653	

***<.001　**<.01　*<.05　+<.1

注 1)「高年齢者の賃金に対する考え方」に該当する各事項について、回答がなかった企業は分析の対象から除外している。
　2)「従業員規模」、「労使協議機関の有無」、「正社員の平均年齢」、「60 歳直前の給与月額（指数）」のそれぞれにつき、回答がなかった企業は分析の対象から除外している。
　3)「業種」について無回答だった企業、また「その他」と回答した企業は、分析の対象から除外している。

また、高年齢者の賃金に関する考え方を示す項目は、4項目中3項目が、60歳定年制＋変化タイプに該当することとの間に統計的に有意な関係がある。このうち「定年後の高年齢者も、評価制度に基づき賃金を決めるのが望ましい」、「定年後でも仕事が同じなら原則、賃金は下げるべきではない」という考え方との間には負の関係、つまりこれらの考え方が弱いほど、60歳定年制＋変化タイプに該当する可能性が高くなるという関係があり、逆に「賃金の原資が限られており、高年齢者の賃金が高いままだと現役世代の賃金が下がるので、高年齢者の賃金を下げても構わない」とは正の関係、つまりこうした考え方をより強く持つ企業ほど、60歳定年制＋変化タイプに該当する可能性が高くなるという関係にある。

　他方、60歳定年制＋無変化タイプに該当することに対しては、高年齢者の仕事に対する考え方を示す5項目中、4項目が統計的に有意な関係を持つ。この4項目中、「肉体的に負担の少ない仕事に配置すること」、「技能やノウハウの継承が円滑に進むようにすること」、「特に配慮することはない」は、60歳定年制＋変化タイプに該当することと相関を持つ場合とは、反対の相関を持っている。即ち、「肉体的に負担の少ない仕事に配置すること」、「技能やノウハウの継承が円滑に進むようにすること」といった配慮を行う企業は、60歳定年制＋無変化タイプに該当する可能性が低下し、「特に配慮することはない」という企業で、該当する可能性が上がる。

　60歳定年制＋無変化タイプに該当することと統計的に有意な関係を持つ、高年齢者の賃金に関する考え方を示す項目は、60歳定年制＋変化タイプに該当することと統計的に有意な関係を持つ項目と同じ内容の3項目である。ただし、「定年後でも仕事が同じなら原則、賃金は下げるべきではない」、「賃金の原資が限られており、高年齢者の賃金が高いままだと現役世代の賃金が下がるので、高年齢者の賃金を下げても構わない」の2項目とは、60歳定年制＋変化タイプに該当することと関係を持つ場合とは、反対方向の関係が認められる。「定年後でも仕事が同じなら原則、賃金は下げるべきではない」と考える傾向が強い企業ほど、また、現役世代のことを考えて、高年齢者の賃金を下げても構わないと考える傾向が弱い企業ほど、60歳定年制＋無変化タイプに該当する可能性がより高くなる。

　65歳定年制タイプに該当することと統計的に有意な関係を持つ、高年齢者の仕事に対する考え方に関わる項目は、「技能やノウハウの継承が円滑に進むようにすること」、「特に配慮することはない」の2項目である。いずれも60歳定年制＋無変化タイプと同様に、「技能やノウハウの継承が円滑に進むようにすること」とは負の関係が、「特に配慮することはない」とは正の関係がある。また、60歳定年制＋無変化タイプと同じく、高年齢者の賃金に対する考え方のうち、「定年後の高年齢者も、評価制度に基づき賃金を決めるのが望ましい」、「定年後でも仕事が同じなら原則、賃金は下げるべきではない」、「賃金の原資が限られており、高年齢者の賃金が高いままだと現役世代の賃金が下がるので、高年齢者の賃金を下げても構わない」と統計的に有意な関係を持ち、「定年後でも仕事が同じなら原則、賃金は下げるべきではない」という考え方が強いほどタイプに該当する可能性が高まり、逆に現役

世代に配慮して高年齢者の賃金を下げても構わないと考える傾向が強いほど該当する可能性が低くなるのも、60歳定年制＋無変化タイプと同様である。

　60歳以上の従業員の仕事・役割・賃金に対する考え方と、65歳までの雇用継続体制における3タイプとの関係の分析からは、まず、60歳以上の従業員の仕事に関して何らかの配慮を念頭に置く企業ほど、60歳定年後に仕事上の責任を軽くしたり、仕事の内容を変えたりする可能性が高いということである。この「配慮」の内容は、従業員の状況に関する配慮、組織の状況に関する配慮の双方を含む。また、60代の従業員の賃金を、その従業員の仕事の内容や働きぶりよりも組織の状況を配慮して決めていくという志向の強い企業は、60歳定年制＋変化タイプの雇用継続体制を採る傾向が強くなる。

　以上のような60歳定年制＋変化タイプに該当する企業の傾向とは対照的に、60歳定年制＋無変化タイプ、65歳定年制タイプに該当する可能性が高い企業は、60歳以上の従業員の仕事に対し、何らかの配慮をする傾向が弱い。とりわけ、技能やノウハウの継承に対する姿勢が、60歳定年制＋変化タイプに該当する企業とは正反対で、配慮しない企業のほうが、60歳定年制＋無変化タイプ、65歳定年制タイプに該当する可能性が高い。60歳定年制＋無変化タイプ、65歳定年制タイプの企業が、年齢や世代が下の従業員に対する教育担当としての役割よりも、自らの仕事に従事することによる企業への貢献を、60代前半層の従業員に期待していることがうかがえる。こうした姿勢・方針を裏付けるかのように、60歳定年制＋無変化タイプ、65歳定年制タイプに該当する可能性が高い企業は、60歳以降の従業員の賃金を担当する仕事の内容に基づいて決めようとする傾向が強く、60歳未満（定年前）の従業員への賃金原資の配分次第であると考える傾向は弱い。

　ただ60歳定年制＋変化タイプとは対照的で、似たような特徴を持つ、60歳定年制＋無変化タイプと65歳定年制タイプとの間にも、違いは見られる。まず仕事についての考え方に関する項目の中で、「慣れている仕事に継続して配置すること」は、60歳定年制＋無変化タイプに該当することとの間には統計的に正の関係が見られるが、65歳定年制タイプに該当する事との間には、統計的に有意な関係は見られない。また、60歳定年制＋無変化タイプに該当する可能性が高いのは、「定年後の高年齢者も、評価制度に基づき賃金を決めるのが望ましい」と考える傾向がより弱い企業であるが、65歳定年制に該当する可能性が高いのは、こう考える傾向がより強い企業である。こうした違いからは、60歳定年制＋無変化タイプの企業が、60代前半の従業員に、これまでと同様の仕事に従事して企業に対しこれまでと同様の貢献をしてくれることを期待し、それに対してできるだけの処遇をしていこうと考えており、一方、65歳定年制タイプの企業は、60代前半の従業員に対しても、これまで経験してきた仕事に捉われることなく、企業にとって必要と考えられる仕事・役割を付与して働きぶりを評価し、処遇に反映していこうとするという、それぞれのタイプにおける60代前半の従業員に対する人事労務管理の傾向をうかがうことができる。

第5節　65歳までの雇用継続体制と60代前半層の雇用における課題

　本稿では、すでに述べたように、65歳までの雇用継続体制という企業の人事労務管理上の取組みの「効果」を、60代前半層の雇用において企業が抱えている課題から推し量ることとする。「JILPT企業調査」では、60代前半層の雇用において企業が抱える課題として14の選択肢を挙げ、複数回答可で企業に回答してもらう形式を採っているが、ここでは第2節で行った人事労務管理上の「効果」に関わる検討を踏まえて、次の5つの事項に関する各企業の回答を分析の対象とする。

　第2節では、人事労務管理の「効果」の有無を検討する際に既存の研究で着目されてきた事項として、まず従業員の'well-being（WB）'を挙げた。WBは、仕事に関わる従業員の主観的な経験や働きぶりの質を示す概念であり、この概念に対応する、課題に関する選択肢のなかから、「（60代前半層の従業員の）労働意欲が低い」、「若・壮年層のモラールが低下する」の2つを取り上げる。

　また第2節では、人事労務管理の「効果」の有無を検討する際に、既存の研究で着目されてきたもう1つの事項として、'organizational performance（OP）'を挙げた。このOPはさらに、組織が実施する人事労務管理と直接的に結びつく'proximal outcome'と、組織全体のパフォーマンスに反映される'distal outcome'に大別される。先述したようにJILPT企業調査で尋ねている60代前半層の雇用に関し企業が抱えている課題についての回答からは、後者を推し量ることは難しく、前者に対応する選択肢への回答状況を分析の対象とする。'proximal outcome'に対応する選択肢としては、「若年層が採用できず、年齢構成がいびつになる」、「人件費負担が増える」、「生産性が低い」の3つを挙げることができる。

　以下では、60代前半層の雇用における5つの課題の有無を目的変数として、65歳までの雇用継続体制のあり方が、それぞれの課題の発生と結びついているかを、二項ロジスティック回帰モデルを用いて分析する。この分析では、65歳までの雇用継続体制の3タイプのいずれかに該当する企業を対象とし、60歳定年制＋変化タイプの企業をレファレンス・グループとして、60歳定年制＋無変化タイプまたは65歳定年制タイプの雇用継続体制を採ることと、各課題の指摘との関連を明らかにしていく。

　目的変数となる5つの課題の有無は、それぞれ回答があった場合を1、なかった場合を0とするダミー変数である。説明変数は、65歳までの雇用継続体制の3タイプのうち、60歳定年制＋無変化タイプ、65歳定年制タイプのいずれかに該当するか否かであり、該当する場合を1、該当しない場合を0とする。また統制変数として、業種と従業員規模を加えている。業種と従業員規模の変数としての扱いは、第3-4-1表に示した、60歳定年制＋無変化タイプ、65歳定年制タイプへの該当の有無に関する、二項ロジスティック回帰モデルにおける扱いと同様である。

　第3-5-1表が分析結果となる。WBに関する課題のうち「若・壮年層のモラールが低下する」

という課題の指摘は、65歳定年制タイプであることと統計的に有意な負の関係があり、60歳定年制＋変化タイプの企業に比べて、指摘される可能性が低くなることがわかる。65歳定年制企業は、高年齢従業員が60歳前後で仕事や役割が変わることがないため、より若い従業員のモラールを低下させるという可能性もあるが、むしろより高年齢に至るまで仕事や役割が変わらないという体制が、若・壮年層のモラールの低下を防いでいるのかもしれない。

　また、「高齢者の労働意欲が低い」という課題の指摘と、60歳定年制＋無変化タイプ、および65歳定年制タイプの雇用継続体制を採ることとは負の関係がある。60歳前後で仕事や役割が変わる60歳定年制＋変化型タイプに比べて、60歳前後で仕事や役割が変わらない60歳定年制＋無変化タイプや65歳定年制タイプは、60代前半の従業員の労働意欲の低下を防ぐ可能性が高いことを確認できる。

　一方、OPに関わる課題の中では、「若年者が採用できず年齢構成がいびつになる」という課題の指摘と、65歳定年制タイプであることとの間に、統計的に有意な負の関係が認められる。65歳定年制企業では60歳前後で仕事や役割が変わることなく、従来と同様に働く60代前半の従業員が多いために、企業が年齢構成のいびつさを感じにくい、あるいはいびつさを感じるような問題が生じにくいのかもしれない。また若年者を採用し、年齢構成がいびつになるという懸念のない企業だからこそ、65歳定年制を採用しているとも考えられる。

　OPに関わる課題のうち「人件費負担が増す」、「高齢従業員の生産性が低い」という課題の指摘については、60歳定年制＋無変化タイプ、65歳定年制タイプであることとの間に統計的に有意な関係は見られなかった。60歳定年制＋無変化タイプ、65歳定年制タイプは、60歳前後で仕事や役割が変わらないため、60歳時点（定年時点）からの賃金の変化（下げ幅）も小さいと考えられるが、そうした体制を採る企業で人件費負担増の課題の指摘が増えるわけではない点は、留意しておいてよいと思われる。

第 3-5-1 表　65 歳までの雇用継続体制と 60 代前半層の雇用における諸課題：二項ロジスティック分析

	従業員の Well-Being に関わるもの				Organization Performance に関わるもの					
	若・壮年層のモラールが低下する		高齢者の労働意欲が低い		若年者が採用できず年齢構成がいびつになる		人件費負担が増す		高齢従業員の生産性が低い	
	B	Exp(B)	B	Exp(B)	B	Exp(B)	B	Exp(B)	B	Exp(B)
【60 歳台前半の雇用体制】										
(ref. 60 歳定年制＋変化)										
60 歳定年制＋無変化	-0.232	0.793	-0.589	0.555 ***	-0.086	0.918	-0.022	0.979	-0.157	0.855
65 歳定年制	-0.621	0.538 *	-0.794	0.452 ***	-0.344	0.709 **	0.098	1.104	-0.143	0.866
【従業員規模（ref. 100 人未満）】										
100 ～ 299 人	0.041	1.042	-0.016	0.984	-0.027	0.974	-0.088	0.916	-0.004	0.996
300 ～ 999 人	0.244	1.276	0.390	1.477 **	-0.378	0.685 **	-0.049	0.952	-0.055	0.946
1000 人以上	0.553	1.739	0.443	1.557 +	-0.297	0.743	0.039	1.040	-0.243	0.785
【業種（ref. サービス業）】										
建設業	0.476	1.610	0.452	1.572 +	-0.100	0.905	0.163	1.177	-0.457	0.633 +
機械・金属	0.594	1.811 +	0.525	1.691 *	0.176	1.192	0.332	1.394	-0.025	0.975
製造業（機械・金属以外）	-0.242	0.785	0.522	1.686 *	-0.048	0.953	0.090	1.094	0.030	1.030
電気・ガス・水道・熱供給	0.441	1.554	1.135	3.110 +	-0.822	0.440	-0.387	0.679	-0.667	0.513
情報通信	0.594	1.811	-0.095	0.910	-0.964	0.381 **	0.800	2.226 *	-0.366	0.694
運輸	0.246	1.279	0.351	1.420	0.319	1.376 +	-0.013	0.987	-0.077	0.926
卸売・小売	0.508	1.663 +	0.540	1.716 **	-0.094	0.910	0.260	1.297	-0.149	0.862
金融・保険・不動産	-0.065	0.937	0.333	1.395	-0.490	0.613	0.472	1.604	-0.101	0.904
飲食・宿泊	0.238	1.268	0.396	1.487	-0.048	0.953	0.107	1.113	0.485	1.623 +
医療・福祉	-0.402	0.669	0.193	1.213	-0.074	0.928	0.624	1.866 **	-0.371	0.690 +
教育・学習支援	-0.105	0.900	0.375	1.455	0.078	1.081	1.069	2.913 ***	-1.083	0.339 **
定数	-3.182	0.042 ***	-2.184	0.113 ***	-1.161	0.313 ***	-2.340	0.096 ***	-2.069	0.126 ***
－2 対数尤度	1503.439		3033.694		4405.697		3055.673		2601.790	
Nagelkerke R2 乗	0.028		0.037		0.015		0.018		0.014	
N	4321		4321		4321		4321		4321	

***＜.001　**＜.01　*＜.05　+＜.1

注 1）65 歳までの雇用継続体制に関する 3 タイプ（60 歳定年制＋変化タイプ、60 歳定年制＋無変化タイプ、65 歳定年制タイプ）に該当する企業を分析対象としている。
　　2）「従業員規模」について回答がなかった企業は分析の対象から除外している。
　　3）「業種」について無回答だった企業、また「その他」と回答した企業は、分析の対象から除外している。

第 6 節　結論

　本稿では、現在ほとんどの企業に普及・定着した「65 歳までの雇用継続体制」について、その多様性に着目し、3 タイプのあり方として整理した上で、それぞれのタイプの要因と考えられる、60 歳以上の従業員の仕事・役割や賃金について企業が持つ評価・考え方との関連を分析した。また、60 代前半層の雇用において各社が感じている課題を通じ、65 歳までの雇用継続体制のあり方が、どのような「効果」「影響」を生じさせているのかについて解明しようと試みた。

　分析の結果、60 歳定年を境に仕事上の責任や仕事の内容が変わる「60 歳定年制＋変化」タイプの企業に比べ、60 歳定年を境に仕事上の責任や仕事の内容が変わらない「60 歳定年

制＋無変化」タイプや、「65歳定年制」タイプの企業では、60代以上の高年齢従業員の労働意欲の低下という課題が指摘されにくいことがわかった。また、若・壮年層のモラール低下という課題も、65歳定年制タイプの企業では、60歳定年制＋変化タイプの企業に比べ、指摘されにくかった。

「JILPT企業調査」に回答した企業の中で最も多かったのは、60歳定年制＋変化タイプの企業であり、日本で活動する企業全体においても恐らくこのタイプの企業が最も多いと考えられる。しかし、上記の分析結果は、企業内における60歳以上の従業員の増加や、若・壮年層が60歳以降の就業をより一層意識するようになることが予想される状況の下、従業員の 'well-being（WB）' という観点を踏まえると、60歳定年を境に仕事上の責任や仕事の内容が変わらない、60歳定年制＋無変化タイプや65歳定年制タイプを採用する必要性が高まることを示唆している。

65歳までの雇用継続体制として、60歳定年制＋無変化タイプや65歳定年制タイプを採用する必要性が高まっているのだとすれば、本稿で行った、65歳までの雇用継続体制としての各タイプへの該当を左右する要因についての分析結果は、60歳定年制＋無変化タイプや65歳定年制タイプを採用する際の要件につながると思われる。この分析において、60代前半の従業員が担当する仕事・役割についての企業の考え方の面で、60歳定年制＋変化タイプと、それ以外の2タイプとを分けていたのは、技能やノウハウの継承に対する姿勢であった。技能やノウハウの継承に配慮する企業は、60歳定年制＋変化タイプに該当する可能性が高くなるのに対し、60歳定年制＋無変化タイプや65歳定年制タイプに該当する可能性は、技能やノウハウの継承に対し、特に配慮はしないという企業でより高くなった。

60歳以上の従業員の役割として多くの企業で指摘されることが多い、技能やノウハウの継承は、企業の事業継続を考えた場合にもちろん重要な事項ではあるが、この役割の強調により、60歳以上の高年齢従業員が、定年（60歳）を挟んで同じ仕事内容・役割を継続し、長く働く機会が狭められている可能性があることを、上記の分析結果は示している。そして、継承する価値のある技能やノウハウが求められる仕事・役割であれば、より若い世代へ継承していくための取組み・体制と共に、その仕事・役割を担当してきた従業員が、より長く、60歳以降もそうした仕事・役割を担い続けられる取組みや体制もまた必要なのではないかという、問題提起へとつながっていく。

また、60歳定年制＋無変化タイプ、65歳定年制タイプへとつながっていく、賃金面についての企業の考え方は、60歳以上の従業員の賃金は、その従業員自身の仕事や役割、あるいは働きぶりについての評価に基づくべきで、賃金原資の年齢層間・世代間配分といった企業の都合に左右されるべきものではないというものであった。この分析結果を踏まえると、60歳定年制＋無変化タイプや、65歳定年制タイプの実施においては、60歳以上の従業員の賃金を、仕事内容や評価に即して決定していくための制度や人事管理上の姿勢が必要になると考えられる。また、このことは日本国内の多くの企業で今も続けられていると推測される、

定年を境とした評価・処遇制度の「一国二制度」（今野 2014）状態を解消し、「シームレス」な評価・処遇制度を構築・運営していく必要性を高めているとも言えるだろう。

参考文献

今野浩一郎（2014）『高齢社員の人事管理－戦力化のための仕事・評価・賃金－』中央経済社.

藤波美帆（2013）「嘱託職員（継続雇用者）の活用方針と人事管理－60 歳代前半層の賃金管理」『日本労働研究雑誌』631 号 , pp.114-125.

藤波美帆・大木栄一（2011）「嘱託（再雇用者）社員の人事管理の特質と課題－60 歳代前半層を中心にして」『日本労働研究雑誌』607 号 , pp.112-122.

藤波美帆・鹿生治行（2020）「高齢社員の戦力化と賃金制度の進化－仕事基準の基本給が選択される条件とは」『日本労働研究雑誌』715 号 , pp.58-72.

藤本真（2017）「60 代前半継続雇用者の企業における役割と人事労務管理」労働政策研究・研修機構編『人口減少社会における高齢者雇用』労働政策研究・研修機構 : pp.71-98.

Pecci,R., Van De Voorde,K., and Van Veldhoven,M.,（2013）"HRM, Well-Being and Performance: A Theoretical and Empirical Review", in Paauwe, J., Guest,D.E., and Wright, P.M., *HRM & Performance Achievements $ Challenges*, Willy.

第4章　雇用確保措置と高年齢者の仕事・賃金の配分：
高年齢者の平均賃金に与える影響

第1節　問題意識

　労働力人口の減少を背景として、年齢に関わらず就業を継続できる生涯現役社会の構築が進められている。高年齢者雇用に関する労働政策としては、高年齢者雇用安定法の改正によって、2006年より65歳までの雇用確保措置が義務化され、2013年には原則希望者全員が継続雇用の対象となった。2021年4月より65歳から70歳までの就業機会の確保が努力義務となっている。総務省「労働力調査」によれば、60〜64歳の就業率は、2006年の52.6%から2019年の70.3%へ大幅に上昇しており、2006年の法改正が60代前半の就業率を上昇させたことが認められる（近藤2014）。

　公的年金の支給開始年齢が段階的に引き上げられ、高年齢期の生活保障における企業の役割が高まる中で、高年齢従業員が従事する仕事や賃金をどのように配分するのかということが大きな課題となっている。日本企業の多くで、定年は労働条件を変える区切りになっており、企業内における仕事や賃金の配分への影響が大きい。藤波・大木（2011）によると、定年前の正社員と定年後の再雇用者では仕事内容や労働時間の継続性が高いが、報酬管理の継続性は低い傾向にある。また山田（2009）は、継続雇用後の賃金を最高時の4割以上削減している企業が半数にのぼることを指摘している。

　今野（2014）によれば、現役社員の賃金管理は長期雇用の中で成果と賃金が均衡する長期決済型になるが、長期的な育成対象ではない高齢社員の賃金管理は、短期間で成果と賃金を均衡させる短期決済型になると考えられ、高齢社員の賃金は仕事の現在価値で決定することが合理的になる。他方、実際の継続雇用者の基本給の決め方をみると、60歳時点の（＝過去の）基本給や職能資格・職位を基準とする企業のほうが、現在の職種や仕事内容に応じて決める企業よりも多い（藤波・鹿生2020）。

　高年齢者雇用安定法では、企業に「定年制の廃止」「65歳までの定年の引上げ」「65歳までの継続雇用制度の導入」のいずれかの雇用確保措置を講じるよう義務付けている。厚生労働省によると、2020年における従業員31人以上の企業が実施している65歳までの雇用確保措置は、「継続雇用制度の導入」が76.4%、「定年の引上げ」が20.9%、「定年制の廃止」が2.7%となっており（厚生労働省2021）、多くの企業が継続雇用制度の導入によって高年齢者の雇用を確保している。

　定年年齢と賃金の関係について、Clark and Ogawa（1992）は定年年齢が高い企業のほうが勤続に伴う賃金上昇が緩やかになっていることを指摘している。また、Kimura, Kurachi and Sugo（2019）によれば定年延長には賃金プロファイルをフラットにする効果がある。本章とほぼ同一の質問紙を用いた調査データを分析した山田（2019）は、定年年

齢が 60 歳の企業と 61 歳以上の企業の賃金プロファイルを比較し、定年年齢が 61 歳以上の企業では、賃金プロファイルの傾きが緩やかであり、60 代前半の賃金下落率が小さいことを指摘している。このことは、継続雇用制度を導入するか、定年延長をするかという、企業が採用する雇用確保措置の違いが、高年齢期の平均賃金に影響を及ぼしており、その影響が高年齢者にとどまらず、若年・中高年期の賃金配分にも及んでいる可能性を示唆している。

　以上を踏まえて本章では、2019 年に実施された『高年齢者の雇用に関する調査（企業調査）』を用いて、高年齢者の賃金と企業が採用する雇用確保措置や高年齢者の仕事や賃金の配分に関する方針との関係を実証的に明らかにする。

第 2 節　使用する変数について

　本章における賃金とは、当該企業の年齢別平均賃金であり、初任給の平均月額給与の実額（単位：万円）と初任給を 100 とした時のおおよその指数をもとに算出した。平均賃金分布の上位・下位 1% を削除して用いている。雇用確保措置は、定年年齢が 60 歳の場合を継続雇用制度、定年年齢が 61 歳以上の場合を定年延長とするダミー変数である。

　賃金配分に関する変数として、賃金水準決定の際に最も重視する点と、高年齢者の賃金のあり方に対する考え方を用いる。前者は企業が高年齢者の賃金水準を決定する際に最も重視する点を 1 つ選択させる質問である。後者は高年齢者の賃金の決め方や制度に関する考え方を尋ねる質問であり、選択肢を「そう思う」「どちらともいえない」「そう思わない」に分けて 3 〜 1 の数値を割り当てた。各項目の具体的な内容は第 4 節で説明する。

　高年齢者が従事する仕事内容については、60 歳頃と同じ仕事で責任も同じ場合、60 歳頃と同じ仕事だが責任が軽くなる場合、60 歳頃と異なる仕事に従事する場合に分けている。以下では就業継続体制と呼ぶことにする。

　そのほかに第 6 節の多変量解析では、統制変数として下記の変数を使用した。60 代前半層の評価制度の導入状況は、導入済み、導入を検討中、予定なしの 3 カテゴリからなる変数である。労働組合や労使協議機関が存在する企業を 1、存在しない企業を 0 とするダミー変数を用いる。人的資本に関わる変数として、当該企業の正社員で最も多い学歴（高卒、大卒、その他）と正社員の平均勤続年数を用いる。企業属性として、企業規模（従業員数 300 人以上を大企業、300 人未満を中小企業）、社齢（調査年から創業年を差し引いた年数）、業種を使用した。そのほかに会社所在地域を 2020（平成 30）年度の地域別最賃金額により A 〜 D のランクに分けた変数で会社所在地域の賃金差を統制した。

第 3 節　雇用確保措置と平均賃金

　第 4-3-1 図は雇用確保措置の種類別の賃金プロファイルを示している。この賃金プロファ

イルは雇用確保措置の種類を分けて各社の年齢別平均賃金を平均したものである。40歳から60歳直前の期間において、継続雇用制度採用企業より定年延長採用企業のほうが、賃金プロファイルの傾きが低いことがみてとれる。また、60歳直前から60代前半にかけて、継続雇用採用企業の平均賃金は大きく下落している。定年延長採用企業も同じ時期に下落するが、その変化の度合は緩やかである。高年齢期の生活保障に果たす役割において継続雇用採用企業と定年延長採用企業にはかなりの違いがある。

　定年延長採用企業は、60歳以上の賃金を手厚く保障しており、高年齢期の生活安定に寄与しているが、40歳から60歳直前までの賃金は抑制されている。ここから、定年延長採用企業は、中高年期の賃金を押し下げることで、60歳以上の賃金原資を確保している可能性が指摘できる。なお、継続雇用採用企業においても、雇用継続制度の導入前と比べて、他の年齢層の賃金抑制が生じているかもしれないが、本章のデータでこれを確認することはできない。

第 4-3-1 図　雇用確保措置別賃金プロファイル

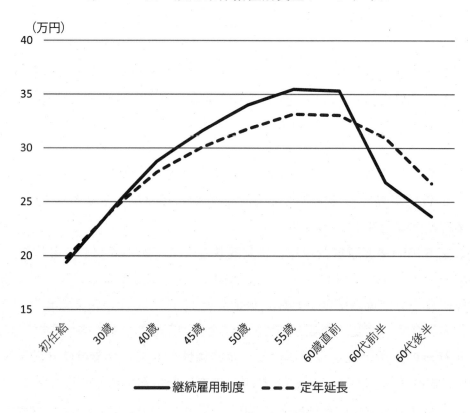

　企業調査には「60代前半の継続雇用を実施するために、近年、若年者・中年者の賃金水準や制度を変更しましたか」（問9）という質問があるので、この項目と雇用確保措置のクロス表をみることで、定年延長採用企業が他の年齢層の賃金管理の変更を近年実施したのかを検討する。

第 4-3-2 表をみると、「若年者・中年者の賃金の水準・制度は近年変更していない」企業が、継続雇用採用企業と定年延長採用企業の半数を占めており、両者に差はみられない。また、賃金の水準・制度を近年見直した企業の割合は、定年延長採用企業（23.2+8.4=31.6%）よりも継続雇用採用企業（30.6+6.1=36.7%）のほうがむしろ高くなっている。

したがって、定年延長採用企業と継続雇用採用企業の間にみられた、中高年期における平均賃金の差は、近年の賃金水準・制度の変更の有無では説明することができない。定年延長採用企業は、定年延長の導入に備えて賃金総額を増加させたのかもしれないし、定年延長に先行して賃金水準・制度をすでに変更しているのかもしれない。制度変更の内容や運用面の差（個別賃金決定方式の変更等）である可能性も考えられる。

第 4-3-2 表　雇用確保措置別賃金水準・制度変更

	若年者・中年者の賃金の水準・制度は近年変更していない	近年賃金の水準・制度を見直したが，60代前半の継続雇用の実施は直接関係がない	60代前半の継続雇用を実施することも踏まえ，近年賃金の制度を見直したが，若年者・中年者の水準が全体的に低下しているわけではない	60代前半の継続雇用を実施するために，近年若年者・中年者の賃金水準を全体的に低下させた	無回答	合計
継続雇用制度	53.9	30.6	6.1	0.4	9.0	4148
定年延長	54.4	23.2	8.4	0.2	13.7	1318
合計	54.0	28.8	6.7	0.4	10.1	5466

注：最右列の「合計」の単位は人、その他の単位は%。

第 4-3-3 表は、60 歳直前と 60 歳前半の平均賃金を、継続雇用採用企業と定年延長採用企業で比較したものである。60 歳直前の平均賃金は、継続雇用採用企業が 35.4 万円であり、定年延長企業の 33.2 万円より 2 万円ほど高い。一方で 60 歳前半の平均賃金は、継続雇用採用企業が 27.1 万円、定年延長採用企業が 31.2 万円であり、定年延長採用企業のほうが約 15% 高くなっている（31.2 万円／ 27.1 万円）。

第 4-3-3 表　雇用確保措置別平均賃金

60 歳直前	Obs	Mean	Std. Dev.
継続雇用制度	2326	35.4	13.2
定年延長	697	33.2	13.1
60 歳前半	Obs	Mean	Std. Dev.
継続雇用制度	2172	27.1	11.9
定年延長	669	31.2	13.1

注：「Obs」の単位は人、「Mean」と「Std. Dev」の単位は万円。

次に、60歳直前から60代前半における平均賃金の変化を、増減率を用いてより細かく確認する。第4-3-4表は、60歳直前から60代前半における平均賃金増減率、すなわち60歳直前の平均月額給与を100としたときの60代前半の月収の増減率を、継続雇用採用企業と定年延長採用企業で比較している（以下、平均賃金増減率と呼ぶ）。

まず、第4-3-1図には現れていなかった点として、60歳直前の平均賃金とくらべて、60代前半の平均賃金が増加する、ないし変化しない企業の存在が挙げられる。こうした企業は定年延長採用企業の7割を占めているが、継続雇用採用企業では2割にとどまっており、大半の継続雇用採用企業では60歳前後で平均賃金が減少している。

減少の程度をみると、定年延長採用企業は20%未満が大部分を占めるのに対して、継続雇用採用企業では20〜40%未満が最も多く、40%以上減少する企業も20%近く存在する。以上から、企業が採用する雇用確保措置の種類（継続雇用／定年延長）によって、60歳直前から60歳前半における平均賃金が大きく左右されることが確認できる。

第4-3-4表　雇用確保措置別平均賃金増減率

	増加・変化なし	20%未満	20〜40%未満	40%以上	合計
継続雇用制度	21.95	25.54	34.25	18.27	2146
定年延長	66.87	21.14	7.8	4.2	667
合計	32.6	24.49	27.98	14.93	2813

注：最右列「合計」の単位は人、その他の単位は%。

第4節　賃金配分と平均賃金

継続雇用採用企業と定年延長採用企業では、中高年期および高年齢期の平均賃金水準が異なる。この点については各企業における賃金配分ルールの違いを検討する必要がある。

ここでは、企業調査における賃金配分に関わる項目として、「定年到達後、継続雇用制度によって雇用されている従業員について、賃金水準決定の際に最も重視している点」（問10付問②．以下、賃金水準決定要素）と高年齢者の賃金制度のあり方（問11）を取り上げる。いずれの質問も、60代前半あるいは高年齢者の賃金について尋ねた質問である点に着目し、定年延長採用企業と継続雇用採用企業の比較に用いることにした。

賃金水準決定要素については、賃金水準決定で参照する基準の違いによって、3つのタイプに分類することができる。

まず、業界他社の状況、担当する職務の市場賃金、自社所在地域の最低賃金のように、企業の外部に広がる業界（組織フィールド）や職業別市場、地域を準拠集団とするタイプがある。2つ目は、自社の初任給水準、60歳到達時の賃金水準、個人の知識・技能・技術のように、社内の基準を活用するタイプである。この中で自社の初任給水準は、過去の貢献や現在の働きから切り離して、高年齢者を一律に処遇するものである。また、60歳到達時の賃

金水準は、60歳までの貢献を反映させる点で藤波・鹿生（2020）が「過去基準」とよぶ賃金の決め方であり、個人の知識・技能・技術は現在の人的資本を考慮する「いま基準」の決め方である。最後に、退職金の受給状況、在職老齢年金の受給状況、高年齢雇用継続給付の状況などの公的給付の受給状況を参照するタイプがある。

　高年齢者の賃金制度のあり方に関する調査項目も3つのタイプに分類する。第一に、賃金を下げるべきではないと考えたうえで、この考えを正当化する理由が異なるタイプがある。「定年後でも仕事が同じなら原則、賃金は下げるべきではない」「賃金は仕事の対価なので、在職老齢年金があっても、賃金は下げるべきではない」「賃金は仕事の対価なので、高年齢雇用継続給付があっても、賃金は下げるべきではない」がこのタイプに該当する。

　第二に、賃金を下げても構わないと考えたうえで、この考えを正当化する理由が異なるタイプがある。このタイプには「賃金の原資が限られており、高年齢者の賃金が高いままだと現役世代の賃金が下がるので、高年齢者の賃金を下げても構わない」「会社は雇用確保のために再雇用するのだから、賃金が低下しても構わない」がある。賃金の低下に結びつきやすいと考えられる「高年齢者の賃金は一律でも構わない」もこのタイプに含める。

　第三に賃金・評価制度に基づいて考えるタイプがあり、「高年齢期だけでなく若年期も含めた全体としての賃金制度として考えるべき」「定年後の高年齢者も、評価制度に基づき賃金を決めるのが望ましい」がここに含まれる。

1. 賃金水準決定要素と平均賃金

　第4-4-1表では賃金水準決定要素ごとに60歳前半の平均賃金を示している。社内の基準を活用するタイプでは、60歳到達時の賃金水準（28.2万円）や個人の知識・技能・技術（29万円）の平均賃金が比較的高く、これらを重視する企業も多い。自社の初任給水準を参照する企業の平均賃金は低い。社外の基準を参照するタイプでは、担当する職務の市場賃金・相場（28.5万円）が高く、業界他社の状況（26.8万円）、自社所在地域の最低賃金（22.1万円）と続く。自社所在地域の最低賃金は、全ての項目の中で最も低くなっている。公的給付の受給状況を考慮するタイプでは、重視する企業は少ないものの、退職金の受給状況の平均賃金が高くなっている。在職老齢年金の受給状況（26.2万円）、高年齢雇用継続給付の受給状況（23.7万円）の順に平均賃金は低くなっていく。

第 4-4-1 表　賃金水準決定要素別平均賃金

	Obs	Mean	Std. Dev.
業界他社の状況	153	26.8	9.7
担当する職務の市場賃金・相場	189	28.5	12.3
自社所在地域の最低賃金	101	22.1	7.8
自社の初任給水準	55	24.6	9.4
60 歳到達時の賃金水準	984	28.2	11.1
個人の知識、技能、技術	973	29.0	14.2
退職金の受給状況	11	29.7	9.0
在職老齢年金の受給状況	50	26.2	13.1
高年齢雇用継続給付の受給状況	80	23.7	7.3
その他	107	27.2	11.4

注：「Obs」の単位は人、「Mean」と「Std. Dev.」の単位は万円。

　第 4-4-2 表は賃金水準決定要素と平均賃金増減率のクロス表である。賃金水準決定要素の中で、最も重視する企業が多い項目は、やはり 60 歳到達時の賃金水準と個人の知識・技能・技術である。「増加・変化なし」の割合は、個人の知識・技能・技術（37.2%）のほうが 60 歳到達時の賃金水準（26.6%）よりも高く、現在の働きを考慮することが平均賃金の安定につながりやすいといえる。ただし、個人の知識・技能・技術を重視する企業でも、平均賃金が減少する企業は 6 割程度存在している。社内の基準を活用するタイプの中で、自社の初任給水準を参照する企業では、平均賃金が減少する割合は高いが、初任給水準を参照する企業自体少ない。

　社外に参照基準があるタイプでは、いずれも「増加・変化なし」の割合が 40% 弱と比較的高く、60 歳前後で賃金の下落を経験しにくい傾向がある。ただし後で確認するように、最低賃金を参照する企業の場合は「増加・変化なし」であっても賃金水準そのものが高くない。

　公的給付を重視するタイプは全体として少数である。この中で、高年齢雇用継続給付の受給状況を最も重視する企業では、ほとんどの企業において賃金が下落しており、下落幅も比較的大きいことがみてとれる。高年齢者雇用継続基本給付金は、60 歳以後の賃金が 60 歳時点の 75% 未満となっている場合に対象者となっており、重視する企業には経営体力のない中小企業が多いことが理由として考えられる。こうした企業の高年齢従業員は雇用確保と賃金減少をセットで受容していると考えられる。

第 4-4-2 表　賃金水準決定要素別平均賃金増減率

	増加・変化なし	20% 未満	20〜40% 未満	40% 以上	合計
業界他社の状況	36.8	17.8	25.0	20.4	152
担当する職務の市場賃金	39.6	24.6	25.1	10.7	187
自社所在地域の最低賃金	39.6	18.8	20.8	20.8	101
自社の初任給水準	25.5	20.0	30.9	23.6	55
６０歳到達時の賃金水準	26.6	27.0	32.5	13.9	973
個人の知識・技能・技術	37.2	25.9	25.2	11.8	966
退職金の受給状況	36.4	45.5	0.0	18.2	11
在職老齢年金の受給状況	26.5	30.6	28.6	14.3	49
高年齢雇用継続給付の受給状況	3.8	16.3	51.3	28.8	80
その他	31.8	13.1	30.8	24.3	107
合計	31.9	24.7	28.7	14.6	2681

注：最右列「合計」の単位は人、その他の単位は％。

2. 高年齢者の賃金制度のあり方と平均賃金

　次に、高年齢者の賃金制度のあり方と平均賃金の関連を検討する。第 4-4-3 表では、賃金制度に対する考え方ごとに、60 歳直前と 60 歳前半の平均賃金を示している。各項目の「そう思う」のみ抜き出した。60 歳前半の平均賃金を 3 つのタイプで比べると、賃金を下げても構わないと考えるタイプの平均賃金が低く、中でも「高年齢者の賃金は一律でも構わない」が低くなっている。賃金を下げるべきではないと考えるタイプと賃金・評価制度に基づいて考えるタイプは、相対的に平均賃金が高く、各タイプの内部で差はあまりみられない。

　第 4-4-4 表は高年齢者の賃金制度のあり方と平均賃金増減率の関連を検討したクロス表である。各項目の「そう思う」のみ抜き出した。「増加・変化なし」の割合は、賃金を下げるべきではないと考えるタイプがいずれも 40% を超えており、賃金・評価制度に基づいて考えるタイプも 40% に近い水準である。これに対して賃金を下げても構わないと考えるタイプは 20% 台にとどまっている。ここから賃金制度のあり方に関する企業の考え方は、実際の平均賃金水準の変化と密接に関連していることがわかる。賃金を下げるべきではないと考えるタイプと賃金を下げても構わないと考えるタイプの中で、正当化する理由の違いによって「増加・変化なし」の割合はそれほど変わらない。

第 4-4-3 表　高年齢者の賃金のあり方別平均賃金

	60 歳直前			60 歳前半		
	Obs	Mean	Std. Dev.	Obs	Mean	Std. Dev.
定年後でも仕事が同じなら原則，賃金は下げるべきではない	1996	34.6	13.7	1891	28.4	13.0
賃金は仕事の対価なので，在職老齢年金があっても，賃金は下げるべきではない	1335	34.5	14.6	1264	29.0	14.2
賃金は仕事の対価なので，高年齢者雇用継続給付があっても，賃金は下げるべきではない	1295	34.3	14.6	1233	28.8	14.2
現役世代の賃金が下がるので，高年齢者の賃金を下げても構わない	944	35.3	14.2	644	27.2	11.3
雇用確保のために再雇用するのだから，賃金が低下しても構わない	674	35.8	12.5	644	27.2	11.3
高年齢者の賃金は一律でも構わない	244	35.0	20.4	230	25.5	19.3
高齢期だけでなく若年期も含めた全体としての賃金制度として考えるべき	1996	34.6	13.7	1891	28.4	13.0
定年後の高年齢者も，評価制度に基づき賃金を決めるのが望ましい	2080	34.8	13.7	1959	28.5	13.1

注：「そう思う」の割合を示している。「Obs」の単位は人、「Mean」と「Std. Dev.」の単位は万円。

第 4-4-4 表　高年齢者の賃金のあり方と平均賃金増減率

	増加・変化なし	20% 未満	20 〜 40% 未満	40% 以上	合計
定年後でも，仕事が同じなら原則，賃金は下げるべきではない	44.1	23.8	21.6	10.5	1,511
賃金は仕事の対価なので，在職老齢年金があっても，賃金を下げるべきではない	42.8	23.3	22.1	11.9	1,256
賃金は仕事の対価なので，高年齢雇用継続給付があっても，賃金を下げるべきではない	43.4	23.4	21.5	11.8	1,225
現役世代の賃金が下がるので，賃金を下げても構わない	24.9	24.0	33.4	17.7	878
雇用確保のために再雇用するのだから，賃金を下げても構わない	23.7	23.0	33.4	19.9	634
高年齢者の賃金は一律でも構わない	29.7	13.7	28.3	28.3	226
若年期も含めた全体としての賃金制度として考えるべき	37.0	24.8	25.1	13.1	1,879
定年後の高年齢者も，評価制度に基づき賃金を決定するのが望ましい	36.9	24.3	25.5	13.3	1,946

注：「そう思う」の割合を示している。最右列「合計」の単位は人、その他の単位は％。

第5節　雇用確保措置および就業継続体制と賃金配分との関係

　雇用確保措置の違いは、高年齢者にどのような仕事を配分するかという就業継続体制と密接に関わっている。定年延長であればそれまでの仕事を継続させやすく、継続雇用であれば定年前後で仕事内容を変更することや仕事の責任を軽くすることが多いと考えられる。そして、高年齢者が従事する仕事の内容や責任の範囲は賃金に反映されるので、就業継続体制は賃金配分ルールと関連があるだろう。定年延長という法制度に義務付けられていない雇用確保措置を先行して採用する企業は、高年齢者の就業体制や賃金配分に関しても、先進的な考えをもつイノベーター企業であるのかもしれない。そこで本節では雇用確保措置と高年齢者の賃金配分や就業継続体制との関連を検討する。

1.　雇用確保措置と賃金配分

　第4-5-1表は雇用確保措置の種類と賃金水準決定要素のクロス表である。多くの企業が最も重視する項目は60歳到達時の賃金水準（36.3%）と個人の知識・技能・技術（36.2%）である。雇用確保措置との関連をみると、60歳到達時の賃金水準の割合は、継続雇用採用企業のほうが7%ポイント高く、個人の知識・技能・技術の割合は、定年延長採用企業が7%ポイント高くなっている。

第 4-5-1 表　雇用確保措置と賃金水準決定要素

	業界他社の状況	担当する職務の市場賃金・相場	自社所在地域の最低賃金	自社の初任給水準	60歳到達時の賃金水準	個人の知識、技能、技術	退職金の受給状況	在職老齢年金の受給状況	高年齢雇用継続給付の受給状況	その他	合計
継続雇用制度	5.2	5.9	3.6	1.8	39.0	34.8	0.3	1.8	3.4	4.2	3469
定年延長	7.6	9.9	5.2	2.0	26.0	41.5	0.3	1.9	1.0	4.6	918
合計	5.7	6.7	3.9	1.9	36.3	36.2	0.3	1.8	2.9	4.3	4387

注：最右列「合計」の単位は人、その他の単位は%。

　第4-5-2表は雇用確保措置の種類と高年齢者の賃金制度のあり方のクロス表である。「そう思う」の割合に注目すると、賃金を下げるべきではないと考えるタイプでは、3項目とも定年延長採用企業が10%ポイント以上高くなっている。逆に、賃金が低下しても構わないと考えるタイプでは、3項目とも継続雇用採用企業が定年延長採用企業を上回っているが、その差は比較的小さい。

　賃金・評価制度に基づいて考えるタイプに関しては、定年延長採用企業が継続雇用採用企業を上回っている。第4-3-1図では定年延長採用企業が中高年期の平均賃金を抑制しており、それゆえ全体としての賃金制度を変化させている可能性を指摘した。実際、定年延長採用企業のほうが高年齢者の賃金のあり方を全体としての賃金制度と結びつけて考えている割合が

高く、整合的である。ただし、継続雇用採用企業との差は10%ポイント程度に過ぎず、中高年期の賃金プロファイルの違いに見合った差であるとはいえない。定年延長採用企業のほうが、評価制度にもとづいて賃金を決めるのが望ましいと考える割合が高い点は、賃金水準決定要素において「いま基準」である個人の知識・技能・技術を重視する割合が高いことと整合的である。

以上をまとめると、定年延長採用企業のほうが、高年齢者の賃金の引き下げに批判的であり、全体としての賃金制度や評価制度に基づく賃金決定を志向する傾向がある。

第4-5-2表　雇用確保措置と高年齢者の賃金のあり方

定年後でも仕事が同じなら原則，賃金は下げるべきではない					雇用確保のために再雇用するのだから，賃金が低下しても構わない				
	そう思わない	どちらともいえない	そう思う	合計		そう思わない	どちらともいえない	そう思う	合計
継続雇用制度	19.9	33.0	47.1	3880	継続雇用制度	33.8	44.2	22.0	3872
定年延長	13.4	25.4	61.3	1203	定年延長	42.4	40.3	17.4	1197
合計	18.3	31.2	50.5	5083	合計	35.8	43.3	20.9	5069
賃金は仕事の対価なので，在職老齢年金があっても，賃金は下げるべきではない					高年齢者の賃金は一律でも構わない				
	そう思わない	どちらともいえない	そう思う	合計		そう思わない	どちらともいえない	そう思う	合計
継続雇用制度	19.3	40.8	39.9	3870	継続雇用制度	65.3	26.8	7.9	3868
定年延長	12.8	36.5	50.7	1199	定年延長	61.5	31.5	6.9	1196
合計	17.7	39.8	42.5	5069	合計	64.4	27.9	7.7	5064
賃金は仕事の対価なので，高年齢者雇用継続給付があっても，賃金は下げるべきではない					高齢期だけでなく若年期も含めた全体としての賃金制度として考えるべき				
	そう思わない	どちらともいえない	そう思う	合計		そう思わない	どちらともいえない	そう思う	合計
継続雇用制度	21.0	40.4	38.6	3864	継続雇用制度	11.2	27.2	61.7	3848
定年延長	13.5	36.3	50.3	1197	定年延長	6.9	20.8	72.4	1190
合計	19.2	39.4	41.4	5061	合計	10.1	25.7	64.2	5038
現役世代の賃金が下がるので，高年齢者の賃金を下げても構わない					定年後の高年齢者も，評価制度に基づき賃金を決めるのが望ましい				
	そう思わない	どちらともいえない	そう思う	合計		そう思わない	どちらともいえない	そう思う	合計
継続雇用制度	24.5	44.4	31.1	3871	継続雇用制度	10.0	25.6	64.4	3875
定年延長	31.8	42.8	25.4	1195	定年延長	7.3	20.7	72.0	1200
合計	26.2	44.0	29.8	5066	合計	9.4	24.4	66.2	5075

注：最右列「合計」の単位は人、その他の単位は%。

2．就業継続体制と賃金配分

　高年齢者の就業継続体制については、企業調査の問6（1）を用いて、60歳頃と同じ仕事で責任も同じ場合、60歳頃と同じ仕事だが責任が軽くなる場合、60歳頃と異なる仕事に従事する場合に分類した。第4-5-3表は雇用確保措置と就業継続体制のクロス表である。60歳頃と同じ仕事に従事する企業は、継続雇用採用企業が40.9%、定年延長採用企業が75.7%となっており、雇用確保措置と就業継続体制は密接に関連していることがわかる。また、継続雇用採用企業では、同じ仕事であっても責任が軽くなる場合が多い。

第 4-5-3 表　雇用確保措置と就業継続体制

	同じ仕事で同じ責任	同じ仕事だが責任が軽くなる	仕事が変わる	合計
継続雇用制度	40.9	51.4	7.7	3714
定年延長	75.7	19.5	4.8	1145
合計	49.1	43.9	7.0	4859

注：最右列「合計」の単位は人、その他の単位は%。

　第4-5-4表は就業継続体制と賃金水準決定要素のクロス表である。大部分を占める60歳頃と同じ仕事で責任も同じ場合と60歳頃と同じ仕事だが責任が軽くなる場合についてみると、いずれの項目でも両者に大きな差がないことがみてとれる。たとえば、60歳到達時の賃金水準は、60歳頃と同じ仕事で責任も同じ場合が35.7%、60歳頃と同じ仕事だが責任が軽くなる場合が38.0%である。個人の知識・技能・技術についても同様の傾向がある。

第 4-5-4 表　就業継続体制と賃金水準決定要素

	業界他社の状況	担当する職務の市場賃金・相場	自社所在地域の最低賃金	自社の初任給水準	60歳到達時の賃金水準	個人の知識、技能、技術	退職金の受給状況	在職老齢年金の受給状況	高年齢雇用継続給付の受給状況	その他	合計
同じ仕事で同じ責任	6.4	7.5	4.4	1.7	35.7	37.5	0.3	1.6	1.4	3.6	2112
同じ仕事だが責任が軽くなる	5.1	5.9	3.2	1.7	38.0	35.5	0.3	1.6	4.4	4.4	1964
仕事が変わる	6.5	6.8	4.9	3.3	35.1	28.9	0.7	3.6	3.3	7.1	308
その他	2.0	6.1	4.1	2.0	22.5	49.0	0.0	2.0	2.0	10.2	49
合計	5.8	6.7	3.9	1.8	36.5	36.1	0.3	1.7	2.9	4.3	4433

注：最右列「合計」の単位は人、その他の単位は%。

　第4-5-5表は就業継続体制と高年齢者の賃金のあり方のクロス表である。本表に限り、継続雇用採用企業に限定して算出した。「そう思う」の割合に注目して、60歳頃と同じ仕事で責任も同じ場合と60歳頃と同じ仕事だが責任が軽くなる場合を比較する。

　賃金を下げるべきではないと考えるタイプでは、3項目とも、60歳頃と同じ仕事で責任も同じ場合の割合が高くなっている。特に「定年後でも仕事が同じなら原則、賃金は下げるべきではない」では、15%ポイントほどの差がある。賃金が低下しても構わないと考えるタイプでは、3項目とも、仕事の責任が軽くなる企業が、同じ仕事に従事する企業を上回っている。60歳頃と同じ仕事であったとしても、責任が軽くなることが、賃金の低下を正当化しやすくするのかもしれない。賃金・評価制度に基づいて考えるタイプに関しては、60歳頃と同じ仕事に従事する企業がいずれも高いが、大きな差ではない。

第4-5-5表　就業継続体制と高年齢者の賃金のあり方

定年後でも仕事が同じなら原則，賃金は下げるべきではない	そう思わない	どちらともいえない	そう思う	合計	雇用確保のために再雇用するのだから，賃金が低下しても構わない	そう思わない	どちらともいえない	そう思う	合計
同じ仕事で同じ責任	15.7	29.4	55.0	1461	同じ仕事で同じ責任	42.2	39.0	18.8	1455
同じ仕事だが責任が軽くなる	23.7	35.8	40.6	1848	同じ仕事だが責任が軽くなる	28.1	47.1	24.8	1845
仕事が変わる	20.3	32.6	47.1	276	仕事が変わる	28.7	47.3	24.0	275
その他	11.9	40.5	47.6	42	その他	40.5	42.9	16.7	42
合計	20.0	33.0	47.0	3627	合計	34.0	43.8	22.3	3617

賃金は仕事の対価なので，在職老齢年金があっても，賃金は下げるべきではない	そう思わない	どちらともいえない	そう思う	合計	高年齢者の賃金は一律でも構わない	そう思わない	どちらともいえない	そう思う	合計
同じ仕事で同じ責任	16.2	38.2	45.6	1455	同じ仕事で同じ責任	67.5	25.9	6.5	1454
同じ仕事だが責任が軽くなる	22.1	41.8	36.2	1846	同じ仕事だが責任が軽くなる	64.2	26.9	8.9	1844
仕事が変わる	22.3	46.4	31.4	274	仕事が変わる	63.0	27.9	9.1	276
その他	19.1	38.1	42.9	42	その他	61.9	28.6	9.5	42
合計	19.7	40.6	39.7	3617	合計	65.4	26.6	8.0	3616

賃金は仕事の対価なので，高年齢者雇用継続給付があっても，賃金は下げるべきではない	そう思わない	どちらともいえない	そう思う	合計	高齢期だけでなく若年期も含めた全体としての賃金制度として考えるべき	そう思わない	どちらともいえない	そう思う	合計
同じ仕事で同じ責任	16.9	38.1	45.0	1453	同じ仕事で同じ責任	9.4	25.4	65.2	1441
同じ仕事だが責任が軽くなる	23.9	41.8	34.3	1844	同じ仕事だが責任が軽くなる	12.1	29.1	58.9	1840
仕事が変わる	27.1	41.8	31.1	273	仕事が変わる	15.3	30.7	54.0	274
その他	21.4	40.5	38.1	42	その他	17.1	24.4	58.5	41
合計	21.3	40.3	38.4	3612	合計	11.3	27.7	61.0	3596

現役世代の賃金が下がるので，高年齢者の賃金を下げても構わない	そう思わない	どちらともいえない	そう思う	合計	定年後の高年齢者も，評価制度に基づき賃金を決めるのが望ましい	そう思わない	どちらともいえない	そう思う	合計
同じ仕事で同じ責任	31.7	42.3	26.1	1453	同じ仕事で同じ責任	9.6	24.6	65.8	1458
同じ仕事だが責任が軽くなる	19.0	45.4	35.6	1845	同じ仕事だが責任が軽くなる	10.6	26.7	62.7	1845
仕事が変わる	22.5	45.7	31.9	276	仕事が変わる	12.6	25.3	62.1	277
その他	23.8	54.8	21.4	42	その他	7.1	28.6	64.3	42
合計	24.4	44.3	31.3	3616	合計	10.3	25.8	63.9	3622

注：継続雇用採用企業に限定して算出。最右列「合計」の単位は人、その他の単位は％。

第6節　高年齢期の平均賃金に関する多変量解析

　これまで確認してきた雇用確保措置や賃金配分の方針、就業継続体制が、60代前半の平均賃金に与える効果を重回帰分析によって確かめる（第4-6-1表）。60代前半の平均賃金は対数変換して用いる。

　雇用確保措置に関しては、定年延長のほうが継続雇用制度よりも平均賃金が12.8％高く、

第 4-6-1 表　60 代前半の対数平均賃金に対する重回帰分析の推定結果

	Coef.	S.E.	
雇用延長（基準：継続雇用制度）			
定年延長	0.128	0.020	**
賃金水準決定の際に最も重視している点（基準：60 歳到達時の賃金水準）			
業界他社の状況	-0.066	0.035	†
担当する職務の市場賃金・相場	-0.046	0.031	
自社の初任給水準	-0.100	0.050	*
自社所在地域の最低賃金	-0.223	0.041	**
個人の知識、技能、技術	-0.005	0.017	
退職金の受給状況	0.094	0.113	
在職老齢年金の受給状況	-0.109	0.057	†
高年齢雇用継続給付の受給状況	-0.083	0.045	†
その他	-0.054	0.039	
高年齢者の賃金に対する考え方			
高齢期だけでなく若年期も含めた全体としての賃金制度として考えるべき	0.010	0.800	
定年後の高年齢者も，評価制度に基づき賃金を決めるのが望ましい	-0.004	-0.280	
高年齢者の賃金は一律でも構わない	-0.038	-3.040	**
賃金は仕事の対価なので，在職老齢年金があっても，賃金は下げるべきではない	0.024	1.260	
賃金は仕事の対価なので，高年齢者雇用継続給付があっても，賃金は下げるべきではない	-0.016	-0.870	
定年後でも仕事が同じなら原則，賃金は下げるべきではない	0.031	2.610	**
会社は雇用確保のために再雇用するのだから，賃金が低下しても構わない	-0.005	-0.360	
賃金の原資が限られており，高年齢者の賃金が高いままだと現役世代の賃金が下がるので，高年齢者の賃金を下げても構わない	0.005	0.370	
60 歳頃と比べた 60 代前半の仕事内容（基準：まったく同じ仕事）			
同じ仕事だが責任が軽くなる	-0.041	0.017	*
異なる仕事	-0.066	0.030	*
その他	-0.130	0.083	
60 代前半層の評価制度の導入状況，労働組合・労使協議機関，正社員の最多学歴，正社員の平均勤続年数，企業規模，社齢，地域別最低賃金額（平成 30 年度），業種	✓		
定数項	3.472	0.072	**
Number of Obs.		2082	
Adj R-squared		0.1906	

† : p<0.10, *: p<0.05, **: p<0.01.

統計的にも有意である。第4-3-3表の約15%からわずかに減少しているが、考えられる様々な要因を統制した場合でも、雇用確保措置の種類によって、高年齢者の平均賃金に差があることが確認された。

　賃金水準決定要素については、60歳到達時の賃金水準を考慮する場合を基準カテゴリとしている。符号の多くが負であるが、統計的に有意な違いがあるのは、業界他社の状況（-0.066）、自社所在地域の最低賃金（-0.223）、自社の初任給水準（-0.100）、在職老齢年金の受給状況（-0.109）、高年齢雇用継続給付の受給状況（-0.083）である（ただし、業界他社の状況、在職老齢年金の受給状況、高年齢雇用継続給付の受給状況は10%水準で有意である）。最低賃金や初任給を参考に賃金を決定したり、公的給付の受給の有無を考慮している企業は、高年齢者の平均賃金が相対的に低く、特に最低賃金を考慮する場合は22.3%の大きな下落となる。

　60歳到達時の賃金水準と、担当する職務の市場賃金・相場や、個人の知識・技能・技術との間に統計的に有意な差はないことから、高年齢者の賃金決定において、それまでの賃金や実際の職務、人的資本を考慮する企業では、平均賃金が相対的に高い傾向がある。

　高年齢者の賃金のあり方に対する考え方に関しては、「高年齢者の賃金は一律でも構わない」と考えるほど平均賃金が約4%低くなり、「定年後でも仕事が同じなら原則、賃金は下げるべきではない」と考えるほど平均賃金が約3%高くなる。

　就業継続体制に関しては、60歳頃と同じ仕事で責任も同じ場合と比べて、60歳頃と同じ仕事だが責任が軽くなる場合（-0.041）や、60歳頃と異なる仕事に従事する場合（-0.066）、平均賃金が減少する。

　その他の説明変数については、評価制度を導入済みであると、導入を検討中の場合や導入予定なしの場合よりも、平均賃金が高いこと、労働組合や労使協議機関があるほうが平均賃金は低いこと、正社員の最多学歴が高卒である企業より、大卒である企業のほうが平均賃金は高くなることなどが明らかになった。

第7節　結論

　本章では、雇用確保措置や賃金の配分に対する企業の考え方、就業継続体制に注目して、高年齢者の平均賃金を分析した。本章の主な知見は以下の通りである。

　定年延長採用企業の7割は60歳前後で平均賃金が減少しないが、大半の継続雇用採用企業では平均賃金が下落しており、雇用確保措置の種類によって高年齢期の平均賃金は大きく左右される。他の変数を統制した場合でも、定年延長採用企業のほうが継続雇用採用企業より60代前半の平均賃金は12.8%高い。

　賃金水準決定要素の中では、60歳到達時の賃金水準と個人の知識・技能・技術を重視する企業が多い。60歳到達時の賃金水準、個人の知識・技能・技術、担当する職務の市場賃金・

相場には統計的に有意な差がなく、過去の賃金や現在の職務・人的資本を重視する企業では、60代前半の平均賃金は相対的に高い傾向にある。

賃金水準決定において公的給付を最も重視する企業はそれほど多くないが、在職老齢年金の受給状況や高年齢雇用継続給付の受給状況を最も重視する企業では、平均賃金が減少する傾向がみられる（両者とも10%水準で、それぞれ10.9%、8.3%の減少）。ただし、公的年金の支給時期や支給金額と労働から得る稼得賃金額は同時決定的であり、個人データを用いて内生性を考慮した推定を行う必要がある。また、高年齢雇用継続給付の受給状況を最も重視する企業では、ほとんどの企業において平均賃金が下落しており、下落幅も比較的大きいことから、負担能力が低い企業の高年齢従業員について、公的な所得保障を充実させていくことが課題だと考えられる。

高年齢者の賃金のあり方に対する考え方に関しては、多変量解析の結果から、「高年齢者の賃金は一律でも構わない」と考えるほど平均賃金が4%低くなり、「定年後でも仕事が同じなら原則、賃金は下げるべきではない」と考えるほど平均賃金が3%高くなることがわかった。

単純集計でみると、賃金を下げても構わないと考えるタイプでは平均賃金が低く、60歳前後で平均賃金が減少する企業も多いなど、高年齢者の賃金のあり方に関する考え方は、現実の賃金配分とある程度の対応関係がある。また、高年齢者の賃金のあり方に関する考え方は、雇用確保措置とある程度関連しており、定年延長採用企業のほうが、高年齢者の賃金の引き下げに批判的であり、全体としての賃金制度や評価制度に基づく賃金決定を志向する傾向がある。

就業継続体制に関しては、他の変数を統制した状態でも、60歳頃と同じ仕事で責任も同じ場合と比べて、仕事の責任が軽くなる場合（-4.1%）や異なる仕事に従事する場合（-6.6%）、平均賃金が減少しており、高年齢者にどのような仕事を配分するかということが、その企業の高年齢者の賃金水準と密接に関連している。

雇用確保措置は就業継続体制とかなりの関連がある。60歳頃と同じ仕事に従事する企業は、継続雇用採用企業の4割に対して定年延長採用企業が7割を超えている一方で、継続雇用採用企業では仕事の責任が軽くなる場合が多い。

文献

今野浩一郎、2014、『高齢社員の人事管理―戦力化のための仕事・評価・賃金』中央経済社.

厚生労働省、2021、令和2年「高年齢者の雇用状況」集計結果.
　　（https://www.mhlw.go.jp/stf/newpage_15880.html。2021年1月17日閲覧）.

近藤絢子、2014、「雇用確保措置の義務化によって高齢者の雇用は増えたのか-高年齢者雇用安定法改正の政策評価」『日本労働研究雑誌』642: 13-22.

藤波美帆・大木栄一、2011、「嘱託（再雇用者）社員の人事管理の特質と課題」『日本労働

　　研究雑誌』607: 112-22.

藤波美帆・鹿生治行、2020、「高齢社員の戦力化と賃金制度の進化―仕事基準の基本給が選
　　択される条件とは」『日本労働研究雑誌』715: 58-72.

山田篤裕、2009、「高齢者就業率の規定要因―定年制度、賃金プロファイル、労働組合の効果」
　　『日本労働研究雑誌』589: 4-19.

山田篤裕、2019、「高齢者の賃金プロファイル・賃金水準」『季刊　個人金融』2019秋：47-
　　56.

Clark, Robert L. and Naohiro Ogawa, 1992, "The Effect of Mandatory Retirement on
　　Earnings Profiles in Japan," Industrial and Labor Relations Review 45: 258-266.

Kimura, Taro, Yoshiyuki Kurachi and Tomohiro Sugo, 2019, "Decreasing Wage
　　Returns to Human Capital: Analysis of Wage and Job Experience Using Micro
　　Data of Workers," Bank of Japan Working Paper Series No.19-E-12.

第5章　60代後半層の雇用についての分析と雇用機会拡大に向けての課題

第1節　はじめに〜本稿における分析の背景と分析課題〜

　2019年に内閣府が発表した『経済財政運営と改革の基本方針2019』（以下、「成長戦略実行計画」と記載）において、「全世代型社会保障への改革」の一環として、「70歳までの就業機会」の確保が政策目標として掲げられた[1]。2004年の高年齢者雇用安定法（以下「高年法」と記載）の改正に基づく、2006年からの年金受給開始年齢までの雇用確保措置の義務化により、「65歳までの雇用継続」が社会的に普及・定着する中、「骨太の方針2019」では、働く意欲のある高年齢者が、「人生100年時代」においてその能力を十分に発揮できる活躍の場を整備する必要性が唱えられるとともに、65歳までの雇用・就業機会の確保とは異なり、それぞれの高年齢者の特性に応じた活躍のため、取りうる選択肢を広げる必要があるという政府の考え方が示された（内閣府2019：13）。

　成長戦略実行計画ではさらに、70歳までの就業機会の確保実現に向けたスケジュールも打ち出された。同方針では、「第1段階の法制整備」として、70歳までの就業確保の方法として取りうる選択肢を法律に明示した上で、70歳までの就業確保を企業の努力義務とする規定を設けることが掲げられ、2020年の通常国会で法案の提出・成立を図るとされた（内閣府2019：14）。この「第1段階の法制整備」という構想に沿う形で、高年法の改正が進められ、2020年2月に閣議決定、同年3月に国会で可決された。この改正高年法は2021年4月1日より施行されている。

　成長戦略実行計画に示されたように、改正高年法は、「70歳までの高年齢者就業確保措置」を、企業の努力義務として規定している。この「70歳までの高年齢者就業確保措置」の内容は、①70歳までの定年引上げ、②70歳までの継続雇用制度の導入（特殊関係事業主に加えて、他の事業主によるものを含む）、③定年廃止、④高年齢者が希望するときは、70歳まで継続的に業務委託契約を締結する制度の導入、⑤高年齢者が希望するときは、70歳まで継続的に、a.事業主が自ら実施する社会貢献事業、あるいはb.事業主が委託、出資等する団体が行う社会貢献事業に従事できる制度の導入、となる。①〜③は年金受給開始年齢までの雇用確保措置の形式を、そのまま70歳までの就業確保に向けて継承している。④はいわゆる「フリーランス」として、高年齢者が勤続してきた企業・組織と新たに業務委託契約を結ぶことで就業継続を図るもの、⑤は高年齢者が勤続してきた企業や当該企業が委託・出資等を行うNPOなどで、社会貢献事業に従事するという形で就業継続を図るものとなり、

---

[1]　「骨太の方針2019」では、70歳までの就業機会の確保に向けた、より具体的な政策の工程表（ロードマップ）が示されたが、政府が70歳までの雇用・就業機会の確保を目指すこと自体は、2007年4月に発表された「高年齢者等職業安定対策基本方針」で、「70歳まで働ける企業」の普及・定着に言及されるなどの形で、「骨太の方針2019」以前からも示されている。

いずれも高年齢者が勤続してきた企業・組織による雇用とは異なるため、「創業支援等措置（雇用以外の措置）」として規定されている。

　また成長戦略実行計画には、さらに「第2段階の法制整備」として、企業名公表による実施の担保や義務化に向けた法改正を検討すると記されている。この「第2段階の法制整備」の際には、2012年の高年法改正と同様に、健康状態が良くない、出勤率が低いなどで労使が合意した場合について、就業確保措置の適用除外とする規定を設けることも検討するとされている（内閣府 2019：14）。

　成長戦略実行計画に示された構想や、高年法の2020年改正の内容から、今後は70歳までの雇用・就業の継続が、政策的・社会的な課題として、徐々に大きく取り上げられるようになると予想される。ただ、70歳までの高年齢者就業確保措置が努力義務化されたとはいえ、現状、65歳以降の雇用・就業については、60〜65歳までの雇用継続の様に、強力に規制されているわけではない。この状況の下で、65歳以降の雇用継続について各企業がどのような体制を採っているのか。それぞれの体制の下で実際に65歳以上の従業員を雇用しているのか。また、65歳以降の雇用継続に関する体制や、65歳以上の従業員の雇用の有無を左右しているのは、どういった要因か。これらについて明らかにしていくことは、今後の「65歳までの雇用継続」から「70歳までの雇用・就業の継続」への移行に向けて、必要な取組み・体制についての検討に寄与するものと考える。

　以下、本稿では次のような構成で、企業における65歳以降の雇用継続体制と雇用の実態を分析していき、70歳までの雇用・就業継続の普及・定着に向けて必要な取組みや体制整備について考察する。まず、65歳以上の雇用についての既存の調査研究や収集されている事例、および65歳以上の雇用に影響を与えうる現行の諸制度を概観し、65歳以降の雇用継続体制や、65歳以上の従業員の雇用を左右する要因について検討する。そのうえで本稿における分析の考え方・フレームワークを示す。分析においては、これまでの各章でも用いられてきた、労働政策研究・研修機構による2019年の企業アンケート調査「高年齢者の雇用に関する調査」（以下、「JILPT企業調査」と記載）のデータセットを使い、まず65歳以降の雇用継続体制の現状と、各社の雇用継続体制を左右する要因について明らかにしていく。次いで、65歳以降の雇用継続体制やその他の事項が、実際の65歳以上の従業員の雇用の有無に影響を与えているのかについての分析を行う。最終部では分析結果から得られる、今後の取組みや体制整備に向けたインプリケーションについて検討していく。

第2節　65歳以降の雇用を左右する要因の探索

1．65歳以上を対象とした雇用・雇用体制に関わる先行研究

　2006年の雇用確保措置の義務化以降、企業で実施されてきた、65歳以上の従業員を対象とした雇用や人事労務管理については、次のような調査・研究成果がある。

藤本（2010）は、2008年にJILPTが実施した企業アンケート調査の結果を基に、65歳より先の雇用確保を行っている企業について分析を行った。アンケートでは、回答企業全体の約4分の1にあたる893社が「65歳より先の雇用確保措置をすでに実施している」と答えていたが、その半数弱の417社は、定年年齢65歳以下且つ継続雇用制度の上限年齢も65歳以下であり、65歳より先の雇用確保措置をすでに実施している企業の中ではこのケースが最も多かった。つまり、65歳から先の雇用確保措置を実施している企業の中では、65歳から先の雇用について定めた人事制度を特に設定していない企業が最も多かったこととなる。藤本は、65歳より先の雇用確保措置をすでに実施している企業の多く（6〜7割）が、措置を実施する理由として「高齢者でも十分活躍できる」、「戦力となる高齢者を活用する必要性」を挙げている点に着目し、65歳より先の雇用は、実際に自社に在籍している、65歳以降も戦力となる見込みの高い個々の高年齢者を雇用するために行われており、そのために制度的な措置を伴わないことが多いのではないかと推測している。また、65歳から先の雇用確保措置を検討している企業の半数近くが、定年制度や継続雇用制度に関わる仕組み以外で企業の実情に応じて働くことができる何らかの仕組みによって、65歳から先の雇用確保を実現しようとしているという調査結果から、65歳以上の従業員の雇用は、制度に従ってというよりは、個々の企業や従業員の状況に応じて実施されていくケースが多い点は変わらないのではないかという見通しを示している。

　鹿生・大木・藤波（2016）は、2013年に高齢・障害・求職者雇用支援機構が実施した企業アンケート調査を分析し、65歳を超えた雇用を推進する企業の人事労務管理における特徴を明らかにしている。分析によると、65歳を越えた雇用を推進するための制度を導入する企業は、65歳までの雇用確保措置を講じている企業に比べて、①高齢者の能力向上を志向し、②役割や教育訓練は、高齢者の自律性を尊重して決定する、といった特徴を持つ。65歳を超えた雇用を推進する企業の人事労務管理において、なぜこうした特徴が生じるのかについて、鹿生たちは定年後の雇用期間に着目して解釈している。65歳を超えて雇用する場合、65歳までの雇用確保措置を取る場合に比べて、定年後の雇用期間が長くなるため、企業側は戦力化を図る期間が長くなる。そのため能力向上に力を入れる。能力向上は、また就業意欲を高く維持するための施策でもある。一方で定年後の雇用期間が長くなることにより、能力や体力、キャリアの見通しにおける個人差が生じやすくなる。そこで一律に企業の要請に高年齢者を適合させる方法を採ると、高年齢者のニーズが充たされず、能力も活かされないということになりかねない。こうした事態を避けるために、企業は役割や教育訓練に関する高年齢者の要望を把握し、高年齢者の自主性を尊重しながら、交渉と調整を行いつつキャリア管理（「すりあわせのキャリア管理」）を進めていく。

　鎌倉（2016）は、2015年にJILPTが実施した企業アンケート調査に基づき、65歳以降の就業可否に関する企業の体制を左右する要因について分析を行った。この研究では、65歳以降の就業可否に関する企業の体制が、①65歳以降の就業は認めない（全員不可群）、②

希望者のうち企業による基準に該当した者の就業を認める（該当者のみ群）、③希望者全員の65歳以降の就業を認める（全員可能群）の3つに分類され、該当者のみ群をレファレンス・グループとして、全員可能群および全員不可群への該当可能性を高くする／低くする要因について、多項ロジスティック回帰分析による検証がなされている。

　分析の結果、全員可能群への該当可能性を高める統計的に有意な要因は、定年がない、および定年年齢65歳以上の定年制が採用されていることであった。また、50歳の正社員が50代後半でどの程度会社に在籍し続けているかという「50代後半時残存率」がより高い企業は、全員可能群への該当可能性がより低くなった。一方、全員不可群への該当可能性を高める要因は、従業員数、全従業員に占める正社員率、平均的な従業員の60歳前後の賃金下落率で、これらはいずれもより大きい企業ほど、全員不可群への該当可能性が高まる。反面、全従業員に占める60～64歳の比率がより高いこと、労働組合や労使協議機関が存在すること、全年齢で一貫した賃金制度を設けようとする意識がより高いこと、60代前半において60歳頃との仕事の同一性がより高いこと、は全員不可群への該当可能性を有意に低下させる。

2. 高年齢者の雇用に関連する制度の影響～在職老齢年金制度と高年齢雇用継続給付

　65歳以降の雇用および雇用体制に関する既存の調査研究は、企業の人員構成や人事労務管理制度の状況に焦点をあてているが、60歳以上の高年齢者の雇用や雇用体制に影響を与えうる事項として看過できないのは、年金など高年齢者を対象とする公的給付制度の存在である。

　高年齢者の雇用・就業に関わる公的給付制度としては、雇用保険を財源とする高年齢雇用継続給付と、公的年金制度の一環である在職老齢年金制度を挙げることができる。このうち、60歳到達時点に比べて賃金が一定割合以上低下した高年齢雇用者に対して、高年齢者の就業意欲を維持、喚起する目的で給付される高年齢雇用継続給付は、60歳以上65歳未満を対象としており、65歳以上の雇用者に対しては給付されない。

　一方、60歳以上の雇用者が受け取ることができる老齢厚生年金の支給を、賃金と年金額に応じて、一部または全額停止するという在職老齢年金制度は、65歳以上にも適用される。年金の基本月額（＝月々に受け取る予定の年金額）と総報酬月額相当額（＝その月に受け取る賃金を基に決定された標準報酬月額＋その月以前の12か月に受け取った賞与を基に決定された「標準賞与額」÷12）の合計額が47万円を超えた場合に、47万円を超えた金額分の半分が、基本月額から差し引かれる。ただし、65歳以上で受け取ることができる老齢厚生年金の定額部分については、全額支給される。

　高年齢従業員を対象とした企業の人事労務管理に対する公的給付制度の影響について、山田（2007）は、2006年にJILPTが実施した企業アンケート調査のデータセットを用い、公的給付制度の活用による賃金・年収水準の調整が、定年後の継続雇用に与える影響を分析

している。その結果、年収水準の保証のために企業が活用する公的給付の額が増加するほど、継続雇用を希望する従業員のうち企業が雇用する比率が高まることが明らかとなった。また浜田（2010）は、2008 年に JILPT が実施した企業アンケート調査のデータセットを用い、企業による在職老齢年金、高年齢雇用継続給付の活用が、60 代前半の賃金に与える影響について分析した。浜田の分析によれば、企業による在職老齢年金、高年齢雇用継続給付の活用は 60 代前半の実際の賃金を低下させるが、留保賃金（＝労働者が就業しても良いと考える賃金水準）を低下させるほどには低下させない。こうした結果から浜田は、在職老齢年金、高年齢雇用継続給付が企業による賃金引下げによってその効果を相殺されてしまうことはなく、小川（1998）や樋口・山本（2002）が、雇用確保措置義務化の前のデータで確認した、支払賃金の低下によって労働需要の増加をもたらす雇用補助金としての効果があるとする。在職老齢年金制度の活用による支払賃金の減額は雇用者を対象とする調査からも確認でき、高山・白石（2017）は、2012 年に実施した 56 〜 69 歳の男性 1253 人を対象とするアンケート調査から、60 〜 64 歳で厚生年金保険に加入していた在職者の 80% 前後が、総報酬月額＋年金受給月額の合計額を 28 万円以下[2]に調整し、減額なしで年金を受給していたという知見を得ている。

　以上の、高年齢従業員を対象とした企業の人事労務管理に対する公的給付制度の影響についての調査・研究成果は、いずれも 60 代前半層を対象とする人事労務管理への影響について明らかにしている。ただ、60 代前半層を対象とする人事労務管理に及ぶ影響の内容は、60 代後半層の雇用や雇用体制に及ぶ影響を考える上でも参考となる。例えば、65 歳以上になると、前述のとおり高年齢雇用継続給付の適用対象から外れ、また在職老齢年金制度による調整が行われるようになるのも、総報酬月額相当額＋年金の基本月額の合計額が 47 万円を超えてからと、調整実施の下限額が 60 〜 64 歳に比べてかなり上がるので、公的給付制度が企業による支払賃金を低下させる効果は薄れ、労働需要の増加をもたらすことも無くなるのではないかと考えられる。

第 3 節　本稿における分析

　既存の調査研究の知見や公的給付制度の影響を検討していくと、60 代後半層（65 歳以降）の企業における雇用や雇用の体制を左右すると考えられる主な事項は、①人員構成に関する事項、特に従業員の年齢に関わるもの、②企業の人事労務管理に関する事項、③ 60 代を対象とする公的給付制度への対応、の 3 つに分けられる。

　本稿では、今後の企業における取組みや、あるいは政策上の取組みについての検討を行うため、①の影響力をコントロールしたうえで、②や③がどのように、企業における 60 代後

---

[2]　60 歳以上 65 歳未満の在職年金受給者の場合、2021 年 3 月時点でも、基本月額と総報酬月額相当額の合計が 28 万円を超えると、年金支給月額の調整が行われる。

半層の雇用や雇用体制を左右しているのかについて、分析・考察を試みる。既存の調査研究成果を踏まえると、②に該当する事項としてはさらに詳しく、a.定年制や継続雇用制度のあり方、b.60代従業員の賃金の設定、c.60代従業員の意向を把握したり、会社側の意向との調整を行ったりする機会の設定・運用、d.60代の従業員または60歳になる（少し）前の従業員に対する能力開発（研修）、など、60代の従業員を対象とした各種施策を挙げることができるだろう。また、60代前半層の雇用や雇用体制を対象とした調査・研究ではしばしば影響が指摘される、e.60歳到達前の従業員を対象とした賃金のあり方（年齢−賃金カーブなど）[3]も含めて検討すべきであると考える。

　第5-3-1図に本稿における分析のフレームワークを示した。本稿ではまず、上記の②や③に該当する事項のうちどの事項が、60代後半層の雇用体制を左右しているのかについて分析・検討する。ここでいう「60代後半層の雇用体制」とは、65歳以降の従業員を雇用するか否かといった点や、雇用する場合にはどの程度の範囲の従業員を雇用するのかといった点についての、企業の方針を意味する。続いて、この60代後半層の雇用体制が、65歳以上の従業員の実際の雇用の有無にどのようにつながっているのかについて、分析・検討していきたい。

第5-3-1図　60代後半層の雇用体制と雇用の有無の分析〜本稿におけるフレームワーク

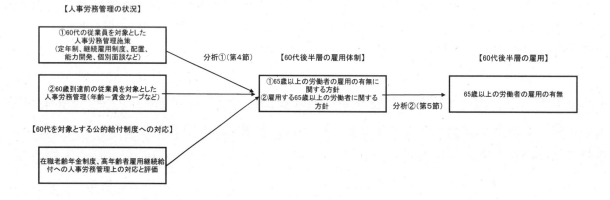

---

[3]　山田（2007）では、1歳毎の賃金上昇率がより低い、つまり年齢・賃金カーブの傾斜がより緩いと、定年延長が実施される可能性がより高くなることが明らかにされており、藤本（2012）は、継続雇用後の賃金水準がより高い企業において、年齢−賃金カーブの傾斜がより緩くなっているという知見を得ている。また藤本（2017）は、60歳定年の後、従業員に60歳直前と同様の仕事を担当させている企業においては、60歳直前と責任や仕事の内容を変えている企業に比べて、年齢−賃金カーブの傾斜が緩くなっていることを示している。これらの知見を総合すると、60代従業員の仕事や処遇を維持しようとする企業において、年齢−賃金カーブの傾斜が緩くなっていると言え、65歳以降の雇用体制や雇用の有無にも影響を与えている可能性がある。

第4節　60代後半層の雇用体制を左右する要因

1．60代後半層の雇用体制

　第5-4-1表は、「JILPT企業調査」に回答した企業の、60代後半層の雇用体制（雇用の有無および雇用の範囲に関する方針）について集計した結果である。JILPT企業調査では60代後半層の雇用体制について、「65歳以降は働くことができない」・「65歳以降は希望者のうち基準に該当した者のみ働くことができる」・「65歳以降も希望者全員が働くことができる」という3つの選択肢を挙げ、その中から1つを選ぶ形で企業から回答を得ている。

　回答企業全体で見ると、「65歳以降は働くことができない」という企業は17.3％で、8割以上の企業は雇用者が65歳以降も自社で働くことを認めている。ただ、自社で働くことを認めている企業の約4分の3（回答企業全体の58.0％）は、65歳以上の希望者のうち、基準該当者が働くことができるとしている。この点は、2008年の企業アンケート調査の分析を基に藤本（2010）が指摘した、65歳より先の雇用は、実際に自社に在籍している65歳以降も戦力となる見込みの高い個々の高年齢者を雇用するために行うという、企業の基本的な傾向が、2019年時点でも続いている可能性を示唆する。

　60代後半層の雇用体制における傾向は、業種によって大きな違いがある。情報通信業や金融保険業は、「65歳以降は働くことができない」いう企業が半数を超え、他の業種に比べて、65歳以降は自社で働くことを認めない傾向が目立って強い。これとは対照的なのが建設業、運輸業、飲食業・宿泊業、医療・福祉といった業種で、「65歳以降は働くことができない」いう企業は1割未満にとどまる。一方で、「65歳以降も希望者全員が働くことができる」という回答の比率は、「65歳以降は働くことができない」いう企業の比率がとりわけ低い運輸業、飲食業・宿泊業、医療・福祉で他業種に比べて高くなっており、3割前後に達している。

第5-4-1表　60代後半層の雇用体制

(単位：%)

	n	65歳以降は働くことができない	65歳以降は希望したら基準該当者は働く事ができる	65歳以降も希望者全員が働くことができる
回答企業計	5891	17.3	58.0	21.8
【業種】				
建設業	382	*7.1*	66.8	24.9
一般機械器具製造業	188	21.3	63.3	*14.4*
輸送用機械器具製造業	151	19.9	57.6	21.9
精密機械器具製造業	117	20.5	60.7	18.8
電気機械器具製造業	152	26.3	56.6	13.8
その他の製造業	739	21.5	59.0	17.6
電気・ガス・熱供給・水道業	24	29.2	*41.7*	29.2
情報通信業	170	50.0	*36.5*	*5.9*
運輸業	468	*8.5*	56.2	32.9
卸売・小売業	843	24.1	58.1	*14.9*
金融・保険業	56	60.7	*37.5*	*1.8*
不動産業	60	20.0	*48.3*	23.3
飲食業・宿泊業	235	*8.9*	57.9	30.6
医療・福祉	1140	*7.4*	62.7	27.6
教育・学習支援業	241	28.6	56.8	*13.3*
サービス業	706	16.4	54.8	25.4
【従業員規模】				
100人未満	2771	16.5	55.5	24.8
100～299人	2131	16.5	61.3	20.5
300～999人	694	22.5	59.7	*16.4*
1000人以上	167	27.5	56.3	*13.2*
【正社員の平均年齢】				
30歳未満	448	12.5	54.5	23.2
30歳台	1632	24.8	55.8	15.7
40歳台	3291	16.2	61.4	20.8
50歳台	464	*5.8*	*48.5*	44.6
60歳以上	56	*0.0*	*32.1*	62.5

注1）60代後半層の雇用体制について無回答の企業の比率は記載していないため、各回答の比率の合計は100%
にはならない。

2）網掛けをしている数字は、回答企業全体の比率より5%以上高いもの。斜字で下線を引いている数字は、
回答企業全体の比率より5%以上低いもの。

従業員規模との関係を見ると、「65歳以降は働くことができない」という回答の比率は、従業員規模がより大きい企業ほど高まる傾向にある。反面、「65歳以降も希望者全員が働くことができる」という企業の比率は、より規模の大きい企業ほど低下する。

正社員の平均年齢の高低による傾向の相違は、平均年齢30歳未満から40歳台までの集計グループ間でははっきりとしないが、平均年齢50歳台以上の集計グループでは非常に顕著となる。平均年齢50歳台および60歳台の企業では、「65歳以降は働くことができない」および「65歳以降は希望者のうち基準に該当した者のみ働くことができる」という企業の比率が、平均年齢40歳台までの企業に比べて大きく低下し、「65歳以降も希望者全員が働くことができる」企業の比率が大きく上昇する。65歳以上の希望者全員が働くことができる企業の比率は、平均年齢50歳台の企業では回答企業全体における比率の約2倍（44.6%）、平均年齢60歳台の企業では同じく約3倍（62.5%）に達している。

2. 60代後半層の雇用体制を左右する要因についての分析

60代後半層の雇用体制を左右する要因については、すでに述べた通り、①企業の人事労務管理の状況、②60代を対象とする公的給付制度への企業の対応・評価が、どのように影響を及ぼしているのかに着目して、分析・検討を行う。

60代後半層の雇用体制に影響を及ぼすと考えられる企業の人事労務管理の状況は、さらに、a.60代の従業員を対象とした人事労務管理の状況と、b.60歳に到達する前の従業員を対象とした人事労務管理の状況に分けることができる。60代の従業員を対象とした人事労務管理の状況としては、まず、本書第3章で分析の対象とした65歳までの雇用継続体制の3タイプ（「60歳定年制＋変化タイプ」、「60歳定年制＋無変化タイプ」、「65歳定年制タイプ」[4]）を取り上げる。第3章で説明した通り、この3タイプは定年制の状況と、60歳前後での仕事の変化の有無を基に構成されており、鎌倉（2016）でも明らかにされたように、60代後半層の雇用体制に影響することが考えられるからである。

また、60代の従業員を対象とした人事労務管理としてさらに、個別面談等の機会設定の有無、60代前半の従業員に対する評価制度導入の有無、60代での継続雇用を円滑に進めるための能力開発（研修）実施の有無も分析の対象とする。能力開発について、「JILPT企業調査」では60歳になる前に実施しているか否かを尋ねているが、60歳以降の継続雇用に関わるものとして尋ねているので、ここでは60代の従業員を対象とした人事労務管理の一環として取り扱う。これらは鹿生・大木・藤波（2016）が、65歳以降の雇用推進を図るうえで、言い換えると定年（60歳）以降の雇用期間がより長くなることを念頭に置いた際に、必要性が増すと捉えた、能力開発の推進や戦力化、働く高年齢者と企業の意向との「すり合わせ」

---

[4] 「60歳定年制＋変化タイプ」は60歳定年制を採用し、定年前後で従業員の責任や仕事が変化するというケースが最も多い企業であり、「60歳定年制＋無変化タイプ」は、60歳定年制を採用し、定年前後で従業員の仕事が変わらないというケースが最も多い企業である。「65歳定年制タイプ」は、65歳定年制を採用し、60代前半の従業員の仕事の内容が、60歳時点と仕事が変わらないケースが最も多いという企業である。

に向けての人事労務管理施策である。

　60歳に到達する前の従業員を対象とした事項としては、すでに述べたように各企業の年齢－賃金カーブの状況を示す事項、具体的には、60歳直前での平均的な月額給与を初任給と比べた場合の指数を取り上げる。指数の値がより低く、年齢－賃金カーブの傾斜がより緩やかであれば、60歳以降に大きな賃金や仕事内容の変更を行う必要がなくなり、より長期の、あるいはより多くの従業員を対象とした雇用期間の延長が可能になると考えられる。また、60歳に到達する前の従業員を対象とした事項としてはもう1つ、60代前半の継続雇用のために、若年者・中年者の賃金水準を全体的に低下させるよう変更したか否かを分析の対象とする。「JILPT企業調査」で尋ねているのは、60代前半の継続雇用に向けての取組みとしての若・中年者の賃金水準の変更であるが、この取組みは、60代後半の雇用まで視野に入れた取組みとしても捉えることができるからである。

　60代を対象とする公的給付制度への企業の対応として、「JILPT企業調査」では、在職老齢年金および高年齢雇用継続給付の支給対象者の賃金を調整しているか否かを尋ねており、60代後半層の雇用体制を左右する要因についての分析では、この質問への回答結果を変数として組み入れる。在職老齢年金および高年齢雇用継続給付の支給対象者の賃金調整を行うことは、既存の調査・研究が明らかにしてきたように、60代前半層に対する労働需要や雇用を拡大する効果はあると推測されるが、60代後半層については必ずしもそうした効果があるとは言えないだろう。すでに述べたように、65歳以降は在職老齢年金の支給停止の対象となる、総報酬月額＋年金受給月額の合計額の下限がかなり上がるため（28万円→47万円）、65歳以降従業員の実際の賃金や留保賃金を押し下げる効果はあまりないと考えられる。ただ、60代前半層を対象として在職老齢年金に関わる賃金調整が行われている企業では、60代前半層の賃金がより抑えられる可能性があり、65歳以降もその賃金が大幅に上昇するという事態は想定しがたいため、結果として、65歳以上の従業員を企業がより雇いやすくなることはありうるだろう。

　一方、高年齢雇用継続給付は60～64歳の雇用者を対象とした給付であり、この給付を受給する従業員の賃金を調整していた企業は、給付の対象から外れる65歳以上の労働者の雇用にはより消極的になるのではないかと仮定することができる。また高年齢雇用継続給付が60代前半層の雇用において果たしてきた機能がなくなることを企業が大きく評価し、その評価が60代後半の雇用体制に反映される可能性がある。JILPT企業調査では、65歳以上の労働者の雇用が高年齢雇用継続給付の対象から外れることについての評価を各企業に尋ねているので、その回答結果を、支給対象者の賃金調整とは別に、変数として分析に加えた。ここまで説明した、企業の人事労務管理に関する事項、および60代を対象とする公的給付制度への企業の対応に関する事項は、分析においてはすべて説明変数として取り扱う。各変数の設定は第5-4-2表の通りである。

第 5-4-2 表　60 代後半の雇用体制の要因に関する分析～説明変数の扱い

変数の カテゴリー	変数	変数の設定方法
企業の 人事労務管理①： 60 代の従業員を対象・ 念頭においた人事労 務管理	65 歳までの雇用継続体制	各企業の 65 歳までの雇用継続体制を示す 3 タイプ（60 歳定年制 ＋変化タイプ、60 歳定年制＋無変化タイプ、65 歳定年制タイプ） のいずれかに該当するか否かで、いずれかのタイプに該当する場 合には 1 を付与
	60 歳以上の従業員を対象とした個別 面談等の実施	60 歳以降の雇用に関して、従業員との個別面談等の機会を設け ている企業は 1、設けていない企業は 0
	60 代前半の従業員に対する評価制度 の導入	60 歳前半層を対象に評価制度を導入済みの企業は 1、導入済み でない企業は 0
	能力開発（研修）の実施	継続雇用を円滑に進めるため、60 歳になる前の従業員に能力開 発（研修）を行っている企業は 1、行っていない企業は 0
企業の 人事労務管理②： 60 歳到達前の従業員 を対象とした人事労 務管理	60 歳直前の平均的な給与月額の指数	60 歳直前の正社員の平均的な給与月額を、初任給を 100 として 指数化した数値。各企業の回答をそのまま値とする。
	60 代前半の継続雇用を目的とした若・ 中年層の賃金水準の変更	60 代の継続雇用を目的として、近年、若・中年層の賃金水準を 全体的に低下させたという企業は 1、それ以外の企業は 0
60 代の従業員を対象 とした公的給付制度 への対応・評価	在職老齢年金支給対象者の賃金の調 整	支給額と同額を賃金で調整している企業は 2 点、支給額の一部を 賃金で調整している企業は 1 点、調整はしていない企業は 0 点
	高年齢継続雇用給付支給対象者の賃 金の調整	支給額と同額を賃金で調整している企業は 2 点、支給額の一部を 賃金で調整している企業は 1 点、調整はしていない企業は 0 点
	65 歳以上の労働者の雇用が高年齢者 雇用継続給付の対象から外れること についての評価	「65 歳以降の雇用継続を阻害する大きな要因となった」と回答し た企業は 2 点、「65 歳以降の雇用継続を阻害する要因の一つとな った」と回答した企業は 1 点、「影響はなかった」と回答した企 業は 0 点

　また、前節で見た通り、60 代後半層の雇用体制における傾向は、業種や従業員規模、各企業の正社員の平均年齢によって大きく異なっており、これらの事項が 60 代後半層の雇用体制に大きく影響すると推測される。そこでこれらの事項については統制変数としてモデルに加えた。業種はサービス業をレファレンス・グループとして、各業種に該当する場合に 1 をとるダミー変数として、従業員規模は 100 人未満の企業をレファレンス・グループとし、100 ～ 299 人、300 ～ 999 人、1000 人以上のそれぞれに該当する場合に 1 を取るダミー変数として設定した。正社員の平均年齢は、各企業からの回答をそのまま値とする変数とした。さらに、従業員側の意見を集約・代表する労使協議機関は、従業員の雇用機会に関わる 65 歳以降の雇用体制のあり方に関心を寄せ、発言などを通じて何らかの影響を及ぼしていることが予想されるため、「労使協議機関の有無」も統制変数とした。

　以下ではまず、雇用者が 65 歳以降働くことができるか否かを目的変数（働くことができる＝ 1、働くことができない＝ 0）とした二項ロジスティック回帰分析を行う。なお、分析の対象とする企業は、65 歳以下の年齢で定年制を設けている企業とし、定年なしの企業と定年が 66 歳以上の企業は、分析の対象からは外した。定年がない企業、定年が 66 歳以上の企業は、その制度内容から、おのずと希望者全員が 65 歳以降も働くことができるという体制に偏ることが予想されるためである。

第5-4-3表に分析結果を示した。なお本章における統計解析の分析結果表においては、10%有意水準で目的変数と有意な関係が認められる変数に印をつけている。65歳までの雇用継続体制のタイプのうち、60歳定年制＋変化タイプ（60歳定年制を採用し、定年前後で仕事の責任や内容が変わるケースが最も多い）を採っていることは、65歳以降働くことができることとの間には統計的に有意な負の関係があり、60歳定年制＋変化タイプの企業では、65歳以降の就業が認められる可能性が低下する。逆に、65歳定年制タイプ（65歳定年制タイプを採用し、60歳前後で仕事が変わらない）であることと、65歳以降働くことができるとの間には統計的に有意な正の関係があり、65歳定年制タイプの企業では、65歳以降働くことができる可能性が高まる。

　また、60代従業員を対象としたり念頭に置いたりしている人事労務管理施策には、65歳以降働くことができることと統計的に有意な関係をもつものはなく、60歳到達前の従業員を対象とした人事労務管理の中では、60代前半の継続雇用のために若・中年の賃金水準を引き下げたことが、統計的に有意な負の関係を持つ。60代前半の継続雇用のために若・中年の賃金水準を引き下げることによって60歳以上の継続雇用がやりやすくなり、65歳以降働くことができることとの間にも正の関係があるのではないかとも考えられたが、60代前半の継続雇用のために若・中年の賃金水準を引き下げる必要があるということは、賃金原資に余裕がない、あるいは総額人件費管理が厳格といった状況であり、むしろ従業員を65歳から先も雇い続けることが難しいのかもしれない。

　60代の従業員を対象とした公的給付制度への対応・評価に関する事項の中では、高年齢雇用継続給付受給者の賃金の調整と、65歳以上が高年齢雇用継続給付の対象とならないことの評価が、65歳以降も働くことができることと統計的に有意な関係を持っていた。前者は正の関係で、調整の度合いが大きい企業ほど、65歳以降も働くことができる可能性が高いこととなる。高年齢雇用継続給付の受給に関連して60～64歳層の賃金を調整している企業は、65歳以降の賃金も抑えられて雇用の意向が高まると考えられる。一方で後者は負の関係であり、65歳以上が高年齢雇用継続給付の対象とならないことが65歳以降の雇用に影響を与えていると考える度合いが強い企業ほど、65歳以降の雇用可能性が低下する。

第5-4-3表　65歳以降働き続けることができることを左右する要因：
二項ロジスティック分析

	B	Exp (B)	
【65歳までの雇用継続体制】			
60歳定年制＋変化タイプ	−0.349	0.705	+
60歳定年制＋無変化タイプ	0.022	1.022	
65歳定年制タイプ	0.910	2.485	**
【60代従業員を念頭・対象におく人事労務管理】			
継続雇用のための研修の実施	−0.443	0.642	
60代従業員を対象とする個別面談等の実施	0.047	1.048	
60代前半層を対象とする評価制度の導入	−0.086	0.917	
【60歳到達前の従業員を対象とした人事労務管理】			
60歳直前の給与月額（指数）	0.000	1.000	
60代前半の継続雇用のために若・中年の賃金水準を引き下げた	−1.020	0.361	+
【60代の従業員を対象とした公的給付制度への対応・評価】			
在職老齢年金受給者の賃金の調整	0.139	1.150	
高年齢者雇用継続給付受給者の賃金の調整	0.319	1.376	*
65歳以上が高年齢者雇用継続給付の対象とならないことの評価	−0.339	0.712	**
【従業員規模（ref.100人未満）】			
100〜299人	−0.039	0.962	
300〜999人	−0.352	0.703	*
1000人以上	−0.386	0.680	
【業種（ref. サービス業）】			
建設業	0.735	2.086	**
製造業（機械・金属）	−0.330	0.719	+
製造業（機械・金属以外）	−0.410	0.664	*
電気・ガス・熱供給・水道業	−0.468	0.626	
情報通信業	−1.551	0.212	***
運輸業	0.612	1.844	**
卸売・小売業	−0.455	0.634	*
金融・保険業、不動産業	−1.171	0.310	***
飲食業・宿泊業	0.550	1.732	+
医療・福祉	0.935	2.547	***
教育・学習支援業	−0.891	0.410	***
正社員の平均年齢	0.006	1.007	
労使協議機関あり	−0.476	0.621	***
定数	1.773	5.887	***
一2対数尤度	2997.216		
Nagelkerke R2乗	0.156		
N	3610		

***＜.001　**＜.01　*＜.05　＋＜.1

注1）定年年齢が65歳以下の定年制を採用している企業を分析の対象としている。

2）60代従業員を念頭・対象におく人事労務管理に該当する各事項、60歳到達前の従業員を対象とした人事労務管理に該当する各事項、60代従業員を対象とした公的給付制度への対応・評価に該当する各事項について、回答がなかった企業は分析の対象から除外している。

3）「従業員規模」、「労使協議機関の有無」、「正社員の平均年齢」のそれぞれにつき、回答がなかった企業は分析の対象から除外している。

4）「業種」について無回答だった企業、また「その他」と回答した企業は、分析の対象から除外している。

5）「業種」のうち「製造業（機械・金属）」は、第5-4-1表に挙げた「一般機械器具製造業」、「輸送用機械器具製造業」、「精密機械器具製造業」、「電気機械器具製造業」の企業が該当する。また「製造業（機械・金属以外）」には第5-4-1表の「その他の製造業」が該当する。以上の業種の取り扱いは、第5-4-4表、第5-5-1表でも同様である。

次に、65歳以降も働くことができるという企業を対象として、65歳以降働くことができる従業員の範囲を左右する要因についての分析を行った（第5-4-4表）。目的変数は、希望者のうち基準該当者のみを雇用する（変数の値＝1）か、希望者全員を雇用する（変数の値＝2）かであり、順序回帰モデルを用いての分析となる。

第5-4-4表　65歳以降雇用する従業員の範囲を左右する要因：順序回帰分析

	B	Wald
【65歳までの雇用継続体制】		
60歳定年制＋変化タイプ	-0.225	1.805
60歳定年制＋無変化タイプ	-0.007	0.002
65歳定年制タイプ	0.375	4.202 *
【60代従業員を念頭・対象におく人事労務管理】		
継続雇用のための研修の実施	0.543	2.541
60代従業員を対象とする個別面談等の実施	-0.555	27.511 ***
60代前半層を対象とする評価制度の導入	-0.228	5.144 *
【60歳到達前の従業員を対象とした人事労務管理】		
60歳直前の給与月額（指数）	0.000	0.636
60代前半の継続雇用のために若・中年の賃金水準を引き下げた	-1.071	1.004
【60代の従業員を対象とした公的給付制度への対応・評価】		
在職老齢年金受給者の賃金の調整	0.176	2.374
高年齢者雇用継続給付受給者の賃金の調整	-0.152	1.033
65歳以上が高年齢者雇用継続給付の対象とならないことの評価	-0.140	1.304
【従業員規模（ref.100人未満）】		
100～299人	-0.256	6.886 **
300～999人	-0.347	5.095 *
1000人以上	-1.043	7.186 **
【業種（ref. サービス業）】		
建設業	0.077	0.151
製造業（機械・金属）	-0.042	0.050
製造業（機械・金属以外）	0.015	0.007
電気・ガス・熱供給・水道業	0.860	1.975
情報通信業	-0.995	3.224 +
運輸業	0.195	1.058
卸売・小売業	-0.324	3.070 +
金融・保険業、不動産業	-0.154	0.159
飲食業・宿泊業	0.157	0.380
医療・福祉	0.122	0.617
教育・学習支援業	-0.452	2.455
正社員の平均年齢	0.005	1.115
労使協議機関あり	-0.162	1.975
ー2対数尤度		3096.036
Nagelkerke R2乗		0.074
N		2976

***＜.001　**＜.01　*＜.05　+＜.1

注1）定年年齢が65歳以下の定年制があり、かつ65歳以降の従業員が働くことができる企業を分析の対象としている。

　2）1に該当する企業のうち、分析の対象から除外した企業については、第5-4-3表の注2～4に記した企業と同様である。

65歳までの雇用継続体制のタイプのうち65歳定年制を採用していることは、65歳以上の希望者全員を雇用する事とも統計的に有意な正の関係があり、65歳定年制への移行が65歳以上の労働者の雇用機会の拡大につながりうることを示唆している。一方、60代従業員を念頭に置いたり対象としたりする人事労務管理施策のうち、60代従業員を対象とする個別面談等の実施と、60代前半層を対象とする評価制度の導入は、65歳以上の希望者全員を雇用する事とは負の関係が認められた。これらの施策は、企業と従業員の意向を「すり合わせる」ための施策、あるいは戦力化のための施策として、65歳以降の雇用機会の拡大に貢献することが予想されたが、予想とは逆の分析結果となっている。「すり合わせ」の機会や評価の機会が、65歳以降も雇用し続ける従業員を評価・選抜する機会として機能しているのではないかと考えられる。またこうした分析結果は、藤本（2010）が指摘する、戦力として見込まれる個々の従業員に65歳以降雇用される機会を提供するという企業の考え方が、現在も継続していることを表していると思われる。

第5節　60代後半層の雇用体制と65歳以上の高年齢者の雇用

前節で要因について分析・検討してきた60代後半層の雇用体制は、65歳以上の従業員を雇用するかどうかや、雇用の対象とする従業員の範囲についての方針として捉えることができる。この方針は、実際の65歳以上の労働者の雇用を左右しているだろうか。「JILPT企業調査」では、65歳以降働くことを認めていない企業には、実際の65歳以上の労働者の雇用の有無を尋ねていないので、以下では65歳以降も働くことができる企業を対象に、65歳以降働くことができる従業員の範囲の相違が、実際に65歳以上の労働者の雇用に影響を及ぼしているかを分析する。

第5-5-1表は、従業員規模、業種、正社員の平均年齢、労使協議機関の有無を統制変数とし、65歳以降も希望者全員が働くことができることを説明変数として、実際に65歳以上の高年齢者が雇用されているか否かを目的変数とする、二項ロジスティック回帰分析を行った結果である。65歳以降の希望者が全員働くことができることは、65歳以上の高年齢者が雇用されることと1%水準で統計的に有意な正の関係があり、65歳以上で雇用する従業員の範囲を絞ることなく、希望者全員を雇用する体制を持つことは、実際に65歳以上の労働者が雇用される可能性を上げている。

第 5-5-1 表　60 代後半層の雇用体制と 65 歳以上の高年齢者の雇用：
65 歳以降働くことができる従業員の範囲と 65 歳以上の高年齢者の雇用

	B	Exp (B)	
65 歳以降の希望者が全員働くことができる	0.400	1.492	**
【従業員規模 (ref.100 人未満)】			
100 〜 299 人	0.292	1.339	**
300 〜 999 人	0.678	1.969	***
1000 人以上	0.668	1.951	*
【業種 (ref. サービス業)】			
建設業	0.705	2.024	**
製造業 (機械・金属)	0.345	1.411	+
製造業 (機械・金属以外)	0.623	1.865	**
電気・ガス・熱供給・水道業	0.330	1.391	
情報通信業	-1.017	0.362	***
運輸業	0.808	2.244	***
卸売・小売業	0.238	1.269	
金融・保険業、不動産業	-0.491	0.612	
飲食業・宿泊業	-0.138	0.871	
医療・福祉	0.447	1.564	**
教育・学習支援業	0.583	1.791	*
正社員の平均年齢	0.017	1.017	***
労使協議機関あり	-0.025	0.975	
定数	0.361	1.435	+
一 2 対数尤度	3147.078		
Nagelkerke R2 乗	0.054		
N	3671		

***く.001　**く.01　*く.05　+く.1

注 1)　定年年齢が 65 歳以下の定年制があり、かつ 65 歳以降の従業員が働く
　　　ことができる企業を分析の対象としている。

　　2)　「従業員規模」、「労使協議機関の有無」、「正社員の平均年齢」のそれ
　　　ぞれにつき、回答がなかった企業は分析の対象から除外している。

　　3)　「業種」について無回答だった企業、また「その他」と回答した企業は、
　　　分析の対象から除外している。

第 6 節　結論

　本稿では、65 歳以降の雇用や、60 歳以上を対象とする公的給付制度の影響に関する既存
の調査・研究成果を踏まえて、65 歳以上の労働者の雇用についての企業の体制（65 歳以上
の労働者を雇用するかどうかや、雇用する場合にはどのくらいの範囲の労働者を雇用するか
といった点についての方針）を左右しうる要因について検討し、分析を行った。また、そう
した企業の方針が、実際の 65 歳以上の労働者の雇用に影響を与えているのかについても検
証した。

　分析の結果、65 歳以上の労働者を雇用するか否かについての方針は、65 歳までの雇用継
続体制のあり方に左右されることがわかった。60 歳定年制を採用し、定年後に仕事上の責
任や仕事の内容を変化させているタイプの企業（60 歳定年制＋変化タイプ）では、65 歳以
降も働くことができる体制がとられる可能性が低下し、逆に、65 歳定年制を採用し、60 歳
前後で仕事の内容や責任が変化しないタイプの企業（65 歳定年制タイプ）では、65 歳以降

も働くことができる体制がとられる可能性が高まった。60歳以上を対象とする公的給付制度への対応・評価については、高年齢雇用継続給付を受給する従業員の賃金を調整する度合いがより高い企業ほど、65歳以降も働くことができる確率が高くなった。また、高年齢雇用継続給付が65歳以上を対象としないことを、65歳以上の労働者の雇用を行うにあたってより重く評価している企業ほど、65歳以降も働くことができる確率は低下した。

65歳以降も働くことができるという方針を持つ企業において、働くことができる従業員の範囲を希望者全員としていることに対しても、65歳までの雇用継続体制のあり方が影響を与えており、65歳定年制タイプの企業は、他の企業に比べて、希望者全員を対象とする可能性が有意に高くなる。一方、60代従業員を対象とする個別面談等の実施と、60代前半層を対象とする評価制度の導入は、働くことができる従業員の範囲を希望者全員としていることとの間に負の相関が認められた。これらの人事労務管理施策が、65歳以降も雇用し続けたい従業員の選抜につながっていることをうかがわせる。

65歳以降雇用し続ける従業員を希望者全員とするか否かについての企業の方針は、実際の65歳以上の労働者の雇用にも反映されていた。希望者全員を雇用するという企業のほうが、基準の該当者のみを雇用する企業に比べて、実際に65歳以上の労働者を雇用している確率が高まった。

以上の分析結果を踏まえると、65歳以降の雇用機会の一層の拡大を目標に、65歳以降の雇用機会を設ける企業を増やしていこうとした場合に、あるいは65歳以降雇用され続ける従業員の範囲を拡大していこうとした場合に、まず着目すべきであるのは、65歳までの雇用継続体制であるという点である。65歳までの雇用継続体制が、60歳定年の後、仕事の内容や仕事上の責任を変えるという、60歳定年制＋変化タイプの企業では、65歳以降働き続けることができる体制は生まれにくいというのが本稿における分析結果であるが、本書第3章で確認した通り、「JILPT企業調査」で最も多かったのは、60歳定年制＋変化タイプに該当する企業であり、おそらく大企業を中心に、日本全体で見てもこのタイプの企業が最も多いのではないかと推測される。もしそうだとすれば、このタイプの企業の65歳までの雇用継続のあり方を、60歳定年後も仕事の内容を変えないという60歳定年制＋無変化タイプや、65歳定年制を採用し、60歳前後で仕事の内容を変えないという65歳定年制タイプの雇用継続のあり方へと変えていくことが、65歳以降の雇用・就業機会の拡大に寄与するのではないかと考えられる。

60歳定年制＋変化タイプから、60歳定年制＋無変化タイプおよび65歳定年制タイプへの移行への促進に必要な取組みを検討する上では、本書第3章の、各タイプへの該当を左右する要因についての分析から得られる示唆が多い。60歳定年制＋変化タイプと、それ以外の2タイプとを分けていたのは、60代従業員の担当する仕事・役割についての考え方の点では技能やノウハウの継承に対する配慮の有無であり、分析結果からは、60歳定年制＋無変化タイプおよび65歳定年制タイプの雇用継続体制の実現に向けては、より若い世代への

技能・ノウハウの継承よりも、高年齢従業員がそうした価値ある技能・ノウハウを発揮してより長く活躍できる体制・環境の整備が必要となることが提起された。

　また、60代従業員の処遇についての考え方の点では、60歳以上の従業員の賃金は、その従業員自身の仕事や役割、あるいは働きぶりについての評価に基づくべきで、賃金原資の年齢層間・世代間配分といった企業の都合に左右されるべきものではないと考える傾向の強い企業が、60歳定年制＋無変化タイプおよび65歳定年制タイプの雇用継続体制を採る傾向がより強かった。60歳のような節目の年齢を意識し、その年齢を反映することのない、従事する仕事や役割、能力や実績の評価に基づいての処遇を、60代以上の従業員の処遇においても奨励し、定着させていくことが、65歳以降の雇用・就業機会の拡大にもつながっていくと考えられる。

　もう1つ、本稿における分析結果で、65歳以降の雇用機会の一層の拡大を意図した場合に留意すべき点は、60代を対象とする公的給付制度の効果である。本稿の分析では、高年齢雇用継続給付による賃金調整の度合いがより大きい企業ほど、65歳以降も働くことのできる体制を採っている可能性が高く、この結果からは、65歳以降の雇用・就業機会を創設・維持・拡大するという観点からも、高年齢雇用継続給付が今後も必要であるという結論が導かれ得る。

　ただ一方で、高年齢雇用継続給付が65歳以上を対象としないことを、65歳以上の労働者の雇用を行うにあたってより重く評価している企業ほど、65歳以降も働くことのできる体制を採っている可能性が低くなっており、高年齢雇用継続給付への依存度が高まることは、結局のところ、65歳以降の雇用・就業機会の創設・拡大の可能性を狭めると考えられる。今後65歳以降の雇用・就業機会をより拡大していこうとするのであれば、やはり、60歳以降の仕事や処遇面での変化をなくすか小さくし、高年齢雇用継続給付の必要性を低下させるような、60歳以降の雇用・人事労務管理体制の確立・普及が、求められるだろう。

参考文献

小川浩（1998）「年金・雇用保険改正と男性高齢者の就業行動の変化」『日本労働研究雑誌』461号, pp.52-64.

鹿生治行・大木栄一・藤波美帆（2016）「継続雇用者の戦力化と人事部門による支援課題—生涯現役に向けた支援のあり方を考える」『日本労働研究雑誌』667号, pp.66-77.

鎌倉哲史（2016）「65歳以降の継続的な就業の可否を規定する企業要因の検討」労働政策研究・研修機構編『労働力不足時代における高年齢者雇用』労働政策研究報告書186, pp.160-199.

高山憲之・白石浩介（2017）「年金と高齢者就業：パネルデータ分析」『年金研究』No.6, pp.38-100.

内閣府（2019）『経済財政運営と改革の基本方針2019〜「令和」新時代：「Society 5.0」

への挑戦～』.

浜田浩児（2010）「在職老齢年金、高年齢雇用継続給付が企業の継続雇用者賃金決定に及ぼす影響」労働政策研究・研修機構編『継続雇用等をめぐる高齢者就業の現状と課題』労働政策研究報告書120, pp.120-130.

樋口美雄・山本勲（2002）「わが国男性高齢者の労働供給行動メカニズム－年金・賃金制度の効果分析と高齢者就業の将来像－」『金融研究』2002年10月号, pp.31-77.

藤本真（2010）「65歳より先の継続雇用に向けた企業の取組み」労働政策研究・研修機構編『継続雇用等をめぐる高齢者就業の現状と課題』労働政策研究報告書120, pp.131-148.

藤本真（2012）「雇用確保措置をめぐる企業の人事管理上の取組みと課題」労働政策研究・研修機構編『高齢者雇用の現状と課題』労働政策研究・研修機構, pp.88-113.

藤本真（2017）「60代前半継続雇用者の企業における役割と人事労務管理」労働政策研究・研修機構編『人口減少社会における高齢者雇用』労働政策研究・研修機構：pp.71-98.

山田篤裕（2007）「高年齢者の継続雇用義務への企業の対応－賃金・年収水準調整を中心に」労働政策研究・研修機構編『高齢者継続雇用に向けた人事労務管理の現状と課題』労働政策研究報告書83, pp.69-90.

第6章　高年齢者は就業に何を求めるのか

第1節　はじめに

1．本章の目的

　少子高齢化に伴い、高年齢者の就業継続を促すための制度改革がおこなわれている。1つは年金制度改革である。本章でも扱う「60代の雇用・生活調査（個人調査）」の対象である2019年に70歳以下の男性（65歳以下の女性）では、老齢厚生年金の特別支給（60代前半での支給）の定額部分がなくなり、報酬比例部分も段階的に給付年齢が引き上げられている。また、定年制度改革もその1つである。2013年に改正法が施行された「高年齢者雇用安定法」により、従来の定年の見直しや継続雇用制度の見直しが企業に求められるようになった。「労働力調査」によると、2019年の60～64歳、65～69歳、70～74歳の就業率は、2009年と比べそれぞれ13.3ポイント、12.2ポイント、10.4ポイント上昇している（内閣府2020 p.23）。近年の高年齢者の就業率の上昇の一部は、これら年金制度改革や改正法の施行と無関係ではない。

　多くの高年齢者にとっては、制度改革により「生活のため」の就業の必然性は高まる。一方、高年齢者の就業には、社会保障の担い手としての「社会参加」と医療費抑制につながる「健康維持」が期待されているという（高年齢者雇用開発協会2003）。本章の目的は、制度改革により従来と比べ就業継続の必然性が高まった60～64歳の高年齢者自身が、就業に何を求めているのか。どのような高年齢者が、就業に「生活のため」だけでなく「社会参加」や「健康維持」を見出すのかを「60代の雇用・生活調査（個人調査）」の就業理由の分析をとおして明らかにすることである。

2．本章の分析対象

　就業理由を扱う本章では、60～64歳の就業している高年齢者男女が分析対象となる。しかし、年金制度改革や改正法の施行により促された就業の意味を明らかにすることを目的としているため、60代までに企業で正社員として雇用されていた者に限定する。具体的には55歳時に正社員として雇用されていた者であり、厚生年金の受給や定年を迎える可能性が高い人々であると考える。60代までに自営業や非正社員として主に働いていた人々は、本章の分析からは除外される。

第2節　分析方法と分析結果

1．就業理由の分布

　2019年「60代の雇用・生活調査（個人調査）」には「2019年6月に働いていた理由は何

ですか。（あてはまるものすべてに○）」という質問（問2（6））がある。この質問の選択肢は「経済上の理由」「健康上の理由（健康に良いなど）」「いきがい、社会参加のため」「頼まれたから」「時間に余裕があるから」「その他」の6つである。「経済上の理由」を回答した場合は、さらに問2（7）で具体的な理由が尋ねられ、「自分と家族の生活を維持するため」「生活水準を上げるため」「その他」の3つから最も近いものを1つだけ選択する。本章では、「経済上の理由」のなかでも、生活に必要だから働いているというニュアンスを含む「自分と家族の生活を維持するため」に注目する。そして、問2（6）において「経済上の理由」と「その他」を除く4つの選択肢に、「経済上の理由」のなかでも「自分と家族の生活を維持するため」という選択肢を加えた5つの選択肢を扱う。これら5つの選択肢（複数選択可）の選択頻度や選択のパターンをみることで、高年齢者が就業に何を求めているのか。どのような高年齢者が、就業に「生活のため」だけでなく「社会参加」や「健康維持」を見出だすのかを明らかにする。

第6-2-1表　就業理由の選択肢と選択率（複数回答）

男性494名	女性97名
健康上の理由（健康に良いなど）（20.9%）	健康上の理由（健康に良いなど）（18.6%）
いきがい、社会参加のため（31.8%）	いきがい、社会参加のため（37.1%）
頼まれたから（12.1%）	頼まれたから（20.6%）
時間に余裕があるから（16.0%）	時間に余裕があるから（26.8%）
自分と家族の生活を維持するため（77.3%）	自分と家族の生活を維持するため（66.9%）
選択なし（7.3%）	選択なし（6.2%）

第6-2-1表より、男女でもっとも選択されている理由は「自分と家族の生活を維持するため」である。この経済的理由は、男女とも2番目に多い「いきがい、社会参加」の倍近い選択率である。よって多くの60歳代前半の高年齢者にとって、就業の意味は、自分や家族の生活を維持するためであるといえる。3番目以降は、男性では「健康上の理由（健康に良いなど）」「時間に余裕があるから」「頼まれたから」と続き、女性では「時間に余裕があるから」「頼まれたから」「健康上の理由」と続く。男女ともこの5つのどれも選択していない者も数％存在する。これら就業理由は、複数選択可能な質問である。次に就業理由の選択パターンをみていく。

2. 就業理由の潜在クラス分析

複数選択可能な5つの選択肢について、考えられる選択パターンは32通り（2の5乗）ある。ここではその32パターンごとに該当者数を示すという煩雑な作業は避け、潜在クラス分析により潜在的に要約された選択パターンを示す。

潜在クラス分析は、複数のカテゴリカルな変数に対する異なるパターンの反応を、潜在クラスとして抽出する方法である（藤原ほか2012）。因子分析が複数の量的変数から因子得点

という潜在変数を個人に与えるのに対し、潜在クラス分析は複数のカテゴリカルな変数から潜在クラスという潜在変数を個人に割り当てる。本章が注目する5つの就業理由も「選択する」「選択しない」の2値のカテゴリカルな変数である。従来のクラスター分析のように抽出されるクラス数の決定を恣意的に行うのではなく検定によって行うことができる点が、潜在クラス分析の大きな科学的メリットである。潜在クラス分析には統計ソフトMplusを用いた。

Bootstrap法による適合度検定の結果、男性で4クラスモデル、女性で2クラスモデルが選択された。個人を各クラスに割り当てる際の誤差の指標であるEntropyは0.8以上であれば割り当ての精度が高いとされる。男性の4クラスモデルはこの基準を満たしているが、女性は満たしていない。以下では、女性の分析結果の解釈は参考程度に留めるように注意したい。

第 6-2-2 表　就業理由の潜在クラス分析の結果

	男性 494 名				女性 97 名	
	生活維持型	両立型	頼まれ型	非経済型	生活維持型	その他
健康上の理由（健康に良いなど）	0.128	0.320	0.030	**0.945**	0.019	0.352
いきがい、社会参加のため	0.000	**0.780**	0.430	**0.728**	0.186	0.556
頼まれたから	0.039	0.000	**1.000**	0.551	0.083	0.329
時間に余裕があるから	0.080	0.214	0.173	**1.000**	0.000	0.536
自分と家族の生活を維持するため	**0.850**	**0.778**	0.446	0.219	**0.861**	0.459
クラス構成割合	60.7%	25.9%	10.1%	3.2%	53.6%	46.4%
Entropy	0.803				0.594	

第6-2-2表には、各クラスがどのような就業理由のパターンをもつのかを解釈するために、各選択肢の条件付き応答確率を示している。表中では、この確率が0.7以上の場合、そのクラスの就業理由を代表するものとして確率の数値を強調して示している。男性で全体の約60%ともっとも潜在クラスの構成割合が大きい「生活維持型」は、「自分と家族の生活を維持するため」のみ応答確率が高く、他の選択肢を就業理由として選ぶ確率がかなり低い。一方、「自分と家族の生活を維持するため」だけでなく「いきがい、社会参加」も80%近い確率で選択するのが「両立型」であり、その構成割合は全体の25%ほどである。「頼まれたから」を必ず選択する「頼まれ型」が全体の約10%と続く。「時間に余裕があるから」「健康上の理由」を（ほぼ）必ず選択する「非経済型」は、それらに加えて「いきがい、社会参加」を選択する確率も高いが、構成割合は約3%とかなり少ない。以上より、60～64歳男性の就業理由を、潜在クラス分析によって要約すると、経済的理由か社会参加かの2項対立ではなく、ほとんどが経済的理由のみをあげ、一部がそれに加え社会参加（いきがい）も同時に理由としてあげるといえる。経済的理由はあげず社会参加（いきがい）や他の理由をあげると

いう「非経済型」の男性はかなり少ない。本節「3」以降では、仕事に経済的理由「のみ」を見出だす者と、経済的理由「に加え」社会参加（いきがい）も見出だす者の違いが何に由来するのかを、他の変数とクラスターの関連を調べることで明らかにしていく。

　女性の2クラスモデルは、そもそも分析対象が男性と比べ少ないこともあり、分類の正確性を示す Entropy は低かった。よって各クラスの解釈にも注意が必要である。1つは男性にもみられた「自分と家族の生活を維持するため」の選択確率のみ高い「生活維持型」である。もう1つは、とくにこれといって選択確率が高い（あるいは低い）理由がない。女性の潜在クラス分析の結果は、「生活維持型」かそうでないかに留まる。

　本節「3」以降では、男女それぞれどのような人々が各クラスに所属しやすいのかを、現在の職業と個人収入、55歳時の職業（従業先の規模）、現在の貯蓄額の3つごとに整理する。

3. 現在の職業・収入

　はじめに現在の職業と各クラスへの所属の関連をみる。職業は、従業員数300人未満の中小企業正社員／300人以上または官公庁の大企業正社員／中小企業非正社員／大企業非正社員／経営者・役員・自営／その他の6つに分類した。分析に用いるケースの大きさの損耗を防ぐため「その他」を加えているが、その内訳[1]は雑多でありこのカテゴリの解釈は目的としない。ここでは、「生活維持型」と「両立型」をわける要因に関心があるので、男性の帯グラフには「両立型」の値も示している。

　男性では、企業規模にかかわらず正社員として現在就業している男性は、非正社員、経営・自営と比べ、「生活維持型」に所属しやすい（第6-2-3図）。「両立型」は5つの職業カテゴリで大きく差異はなく、非正社員、経営・自営は「頼まれ型」や「非経済型」が多い。55歳時正社員であった男性で、現在も「自分や家族の生活維持する」必要がある場合は、60歳を過ぎても非正社員や自営に移動せず、正社員としての就業を継続しやすいのかもしれない。女性でも正社員は他のカテゴリと比較し「生活維持型」に所属しやすい傾向が確認される（第6-2-4図）。

1　シルバー人材センター、任意の仕事、雇用形態に対する「その他」回答、内職など。

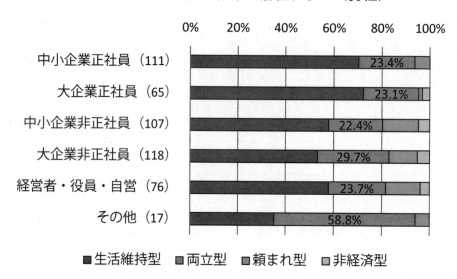

第6-2-3図　現在の職業と潜在クラス（男性）

中小企業正社員（111）　23.4%
大企業正社員（65）　23.1%
中小企業非正社員（107）　22.4%
大企業非正社員（118）　29.7%
経営者・役員・自営（76）　23.7%
その他（17）　58.8%

■生活維持型　■両立型　■頼まれ型　□非経済型

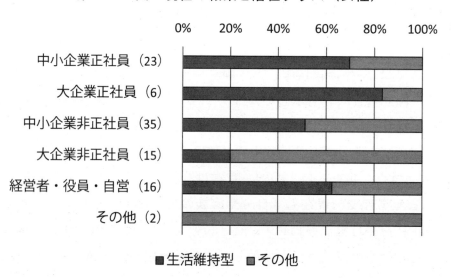

第6-2-4図　現在の職業と潜在クラス（女性）

中小企業正社員（23）
大企業正社員（6）
中小企業非正社員（35）
大企業非正社員（15）
経営者・役員・自営（16）
その他（2）

■生活維持型　■その他

　つぎに現在の職業から得られた個人収入（月額賃金で税込み・賞与なし）と潜在クラスの関係を調べた。個人収入は男女とも5階級にわけたが、男性と女性では全体の賃金分布が異なるため、各階級の範囲が異なっている。

　男性では、10万円未満は他の階級と異なり、「生活維持型」が34.5%と少なくそのぶん他の階級と比べ「頼まれ型」「非経済型」が多い（第6-2-5図）。その他の階級では「生活維持型」がいずれも60%程度である。40万円以上でやや「頼まれ型」が多い。「自分と家族の生活を維持するため」に働いているので、賃金も10万円以上の仕事に就いているのだと考えられる。仕事に生活維持と社会参加（いきがい）をあわせて見出だす「両立型」が他と比べて多いクラスは存在しない。女性でも同様に賃金が少ないほど「生活維持型」は少ない

が、10万円未満、10万円台、20万円台の間隔で賃金が高額になるほど「生活維持型」が増加している点は男性と少し異なる（第6-2-6図）。

第6-2-5図　個人収入（月額賃金）と潜在クラス（男性）

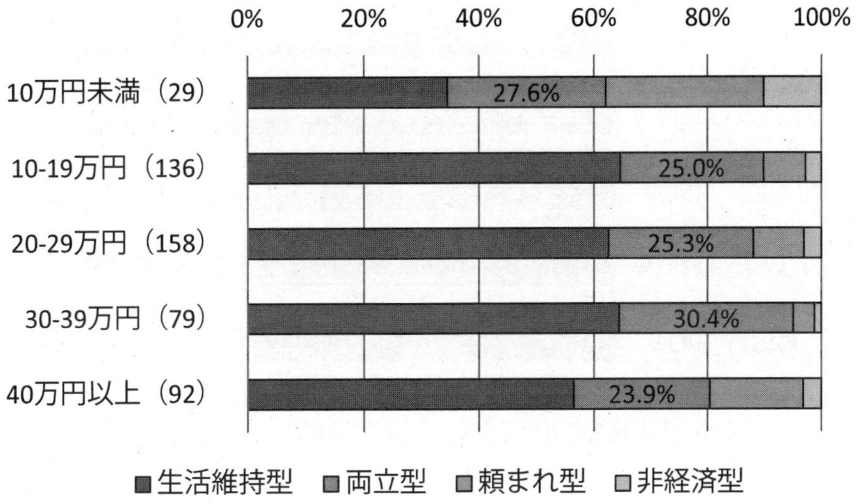

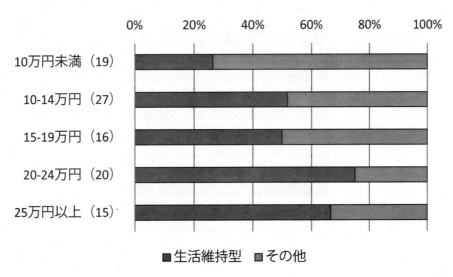

第6-2-6図　個人収入（月額賃金）と潜在クラス（女性）

4. 55歳時の企業規模

　つぎに55歳時の頃に正社員として勤めていた企業の従業先の規模（従業員数）と各クラスへの所属の関連をみる。男性で、官公庁を除き、55歳の勤め先の規模が大きくなるほど「生活維持型」が減少し「両立型」への所属が増加する（第6-2-7図）。どのクラスでも「生活維持型」がもっとも多いことは変わりないが、「両立型」は30人未満では18.0%なのに対し1000人以上では34.1%と2倍近く所属確率に差がある。女性では、企業規模と各クラス

の所属割合に男性のような比例関係があるわけではない（第6-2-8図）。

第6-2-7図　潜在クラスと55歳時の従業先の規模（男性）

30人未満（122）	18.0%
30-299人（138）	22.5%
300-999人（56）	30.4%
1000人以上（135）	34.1%
官公庁（43）	27.9%

■生活維持型　■両立型　■頼まれ型　■非経済型

第6-2-8図　潜在クラスと55歳時の従業先の規模（女性）

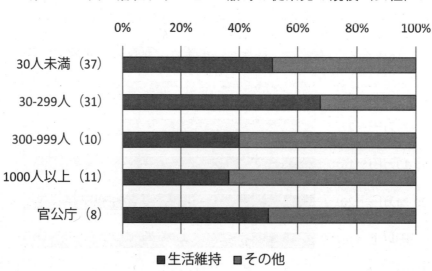

30人未満（37）	
30-299人（31）	
300-999人（10）	
1000人以上（11）	
官公庁（8）	

■生活維持　■その他

5．現在の貯蓄額

　つぎに現在の貯蓄額と各クラスへの所属の関連をみる。分析に用いるケースの大きさの損耗を防ぐため貯蓄額「無回答」を加えている。男性では、「なし」「500万円未満」に差はないが、貯蓄額が大きくなるほど「生活維持型」への所属が減少し、「両立型」への所属が増加する（第6-2-9図）。女性でも「なし」「500万円未満」には大きな違いはないが、貯蓄額が大きくなるほど「生活維持型」への所属が減少している（第6-2-10図）。

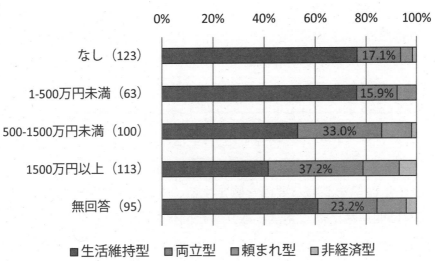

第6-2-9図　潜在クラスと現在の貯蓄額（男性）

なし（123）　17.1%

1-500万円未満（63）　15.9%

500-1500万円未満（100）　33.0%

1500万円以上（113）　37.2%

無回答（95）　23.2%

■生活維持型　■両立型　■頼まれ型　□非経済型

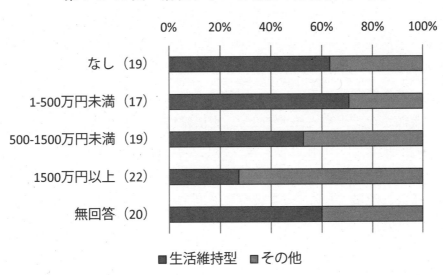

第6-2-10図　潜在クラスと現在の貯蓄額（女性）

なし（19）

1-500万円未満（17）

500-1500万円未満（19）

1500万円以上（22）

無回答（20）

■生活維持型　■その他

6. 多項ロジットを用いた多変量解析

　これまで、55歳時に正社員であった者に限定し、60～64歳で働いているものの就業理由のパターンを分析した。男性の多くは、「自分と家族の生活を維持するため」に働いており、その多くは他に理由をあげず、一部が「いきがい、社会参加」を追加であげていた。それでは、どのような人が「自分と家族の生活を維持するため」「いきがい、社会参加」をともに選択する「両立型」になるのか、これまでの分析結果からつぎのことがいえる。まず、現在の職業、個人収入は「両立型」に所属するかどうかを左右しない（第6-2-3図、第6-2-5図）。一方、55歳時の従業先と現在の貯蓄額は「両立型」に所属するかどうかに影響している（第6-2-7図、第6-2-9図）。すなわち、55歳時の従業先の規模が大きいほど、現在の貯蓄額が

多いほど、現在働く理由として「自分と家族の生活を維持するため」だけでなく「いきがい、社会参加」をともに選択する傾向にある。けれども、現在の職業、収入、55歳時の従業先の規模、現在の貯蓄額は、互いに関連しあっているので、これらのどの要因が、「生活維持型」と「両立型」をわけるのかを多変量解析により明らかにする必要がある。

　多変量解析には、各潜在クラスへの所属確率を従属変数とした多項ロジットモデルを用いた。多変量解析の対象は男性だけとした。また、「非経済型」は所属ケースが小さく、モデルが安定しないため「頼まれ型」と統合した。「生活維持型」と「両立型」をわける要因を探索するために、「生活維持型」を従属変数の参照カテゴリとし、「生活維持型」と比較して「両立型」に所属する確率を高める要因を特定する。ただし、「現在の職業」と「55歳時の従業先」の2変数は関連性が高く完全に独立した関係にないことに注意を要した。例えば、55歳時に300人未満の企業に（正社員として）所属していた者で、現在大企業正社員の者は497ケースのなかには存在しない。多変量解析における共線性の問題を考慮して、個人収入、現在の貯蓄額に、現在の職業を加えた【現職モデル】と、55歳時の従業先を加えた【55歳職モデル】にわけて分析した。

　第6-2-11表より、「両立型」を左右するのは貯蓄額と55歳時の従業先であり、貯蓄額が500万円以上で「生活維持型」ではなく「両立型」に所属しやすいといえる。また、55歳時に従業員300人以上の民間企業に所属していたほど「両立型」になりやすいといえる。これらは前節までの分析結果と矛盾しない（第6-2-7図）（第6-2-9図）。一方、現在の職業、個人収入は、貯蓄額をコントロールすると、「生活維持型」と比較した「両立型」のなりやすさを説明しない。年金や定年制改革を経て多くの者が就業継続せざるをえない現在の60～64歳の就業に、「生活維持」だけでなく「いきがい、社会参加」を見出すかどうかは、貯蓄額に余裕があるか、現職ではなく55歳時の労働市場における相対的に有利なポジションにいたかどうかが重要になる。

　また、「生活維持型」と比べ「頼まれ型・非経済型」に所属しやすいのは、現在個人収入10万円未満の者、55歳時に従業員30人以上の民間企業に所属していた者、貯蓄額が500万円以上の者である。貯蓄型に余裕があり55歳時の労働市場における相対的に有利なポジションにいた者が「頼まれ型・非経済型」に所属しやすい。そして、他の2つのクラスと異なり「自分と家族の生活を維持するため」の選択確率が高くないこのクラスでは、現在の個人収入は高くない。個人収入10万円未満であるほど「頼まれ型」「非経済型」になりやすいというのは前節までの分析結果と矛盾しない（第6-2-6図）。

第 6-2-11 表　潜在クラスの所属確率を従属変数とした多項ロジットモデル

	【現職モデル】				【55歳職モデル】			
	両立型		頼・非経済型		両立型		頼・非経済型	
	B	se	B	se	B	se	B	se
切片	-0.800	0.599	-1.419	0.705 *	-1.212	0.578 *	-1.524	0.669 *
①現在の職業（ref. 中小正社員）								
大企業正社員	-0.327	0.392	-0.661	0.731				
中小企業非正社員	-0.154	0.367	0.668	0.517				
大企業非正社員	-0.924	0.588	1.055	1.142				
経営者・役員・自営	-0.014	0.393	0.709	0.547				
その他	1.185	0.606 +	-0.129	1.189				
②個人収入（ref.10万円未満）								
10-19万円	-0.824	0.549	-1.807	0.563 **	-0.750	0.540	-1.912	0.557 **
20-29万円	-0.690	0.557	-1.504	0.565 **	-0.643	0.536	-1.693	0.542 **
30-39万円	-0.638	0.594	-2.453	0.746 **	-0.596	0.563	-2.648	0.71 **
40万円以上	-0.925	0.601	-1.343	0.609 *	-0.936	0.570	-1.405	0.563 *
③55歳時の従業先（ref.30人未満）								
30-299人従業先規模（55歳）					0.334	0.328	0.996	0.460 *
300-999人従業先規模（55歳）					0.870	0.399 *	1.326	0.543 *
1000人以上（55歳）					0.732	0.322 *	0.900	0.469 +
官公庁					0.234	0.442	0.150	0.679
④現在の貯蓄額（ref. なし）								
1-500万円未満	-0.098	0.435	0.285	0.619	-0.097	0.432	0.227	0.616
500-1500万円未満	1.069	0.339 **	1.162	0.500 **	0.972	0.341 **	1.032	0.499 *
1500-4000万円以上	1.364	0.343 **	1.728	0.482 **	1.339	0.343 **	1.799	0.479 **
無回答	0.485	0.355	1.065	0.491 *	0.541	0.354	1.010	0.489 *
McFadden R^2	0.090				0.086			

** $p < .01$, * $p < .05$, + $p < .10$
従属変数の reference カテゴリは「生活維持型」。B は回帰係数、se は標準誤差をあらわす。

第3節　結論

　本章では、自身の就業に対し制度改革や改正法の施行の影響を受けているであろう 60 ～ 64 歳の就業理由を分析した。高年齢者の就業には「社会参加」や「健康維持」が社会的に期待されているが、多くの高年齢者にとっては、就業は「生活のため」であった。そして、現在の就業や収入ではなく、60 代までに大企業で勤めていた男性、現在の貯蓄額に余裕がある男性が、「生活のため」だけではなく「いきがい、社会参加」を就業に見出しやすい。社会が期待するような高年齢期の就業に「社会参加」を見出すことができる者は、それまでの人生で相対的に有利なストックが蓄積された者に限られるようだ。

　本章では限られた要因変数しか扱っていないので、今後の課題として、各潜在クラスを規定する別の要因を探索する必要がある。例えば、現在の貯蓄額を統制しても 55 歳時に大企業従業員であった者がなぜ現在就業に「いきがい、社会参加」を見出しやすいのか。ストッ

クを統制しているのでそれ以外の理由を明らかにする必要がある。大企業に所属することで経済的ストック以外に蓄積された社会関係が 60 代以降の「いきがい、社会参加」を見出せるような転職や職業条件につながっているのかもしれない。引き続き検討していく。

文献

藤原翔・伊藤理史・谷岡謙 . 2012.「潜在クラス分析を用いた計量社会学的アプローチ：地位の非一貫性、格差意識、権威主義的伝統主義を例に」『年報人間科学』（33）43-68.

高年齢者雇用開発協会 . 2003.『65 歳までの継続雇用が医療政策その他の社会保障政策に与える影響に関する調査研究報告書』.

内閣府 . 2020.『高齢社会白書（令和 2 年版）』.

第7章　60代前半の雇用者における仕事の継続・変化と仕事・就業に対する評価

第1節　はじめに～本稿の目的と検討課題

　65歳までの雇用確保措置を実施する企業の大半は、60歳定年制と勤務延長・再雇用による「継続雇用制度」の組み合わせにより、65歳までの雇用確保措置を実施している。「令和2年高年齢者の雇用状況」の集計結果では、この組み合わせを採用する企業は、従業員31人以上の企業の76.4%に達する。

　さらに60歳定年制と継続雇用制度の組み合わせを実施している企業のかなりの割合（少なくとも半数程度）の企業は、本書第3章で見た通り、60歳定年に達した従業員の仕事について、責任を軽くしたり業務内容を変更したりしている。この点を踏まえると、日本にある企業で働く60歳以上の雇用者の多くが、60歳あるいは定年到達を挟んで、仕事の変化や、あるいはこれまで歩んできたキャリアの変化を経験していることとなる。

　こうした60歳（または定年）到達前後での仕事や責任の変化が、企業の人事労務管理にどのような影響を及ぼしうるかについては、本書第3章において分析を行った。一方で、こうした60歳（または定年）到達前後での仕事や責任の変化は、実際に企業で働く60歳以上の雇用者にどのような影響を与えるだろうか。なかでも、これらの雇用者の働く意欲やモチベーションに関わる事項に対してどのように影響しているかは、これからの60歳以上の雇用・就業体制を考える上でも看過できない。

　本稿では、労働政策研究・研修機構が2019年に60～69歳の個人を対象に実施したアンケート調査「60代の雇用・生活調査（個人調査）」（以下、「JILPT個人調査」と記載）のデータセットの中から、60代前半（60～64歳）のフルタイム雇用者のデータを活用し、60歳（または定年）到達前後での仕事や責任の変化が、働く意欲に関わると考えられる、仕事に対する満足度と、仕事を続けたいという意向（以下、「就業継続意向」と記載）にどのような影響を与えているのかについて分析を行う。以下、本稿は次のような構成をとる。第2節では、分析の対象とする60代前半のフルタイム雇用者が、60歳又は定年到達後にどのような仕事の変化を経験しているかを概観し、そうした経験が雇用者の属性や担当業務、勤務先の企業の状況によってどの程度異なるかを見る。第3節では60歳（または定年）到達前後での仕事や責任の変化と仕事満足度との関連、第4節では就業継続意向との関連について、多変量解析を行い、分析結果について考察する。最終部となる第5節では、第3・4節における分析結果を踏まえて、今後の高年齢者の雇用・就業体制に向けた取組みにおいて、留意すべき点、配慮が求められる点について検討を行い、分析結果からのインプリケーションとして提示する。

第 2 節　60 歳又は定年到達を挟んでの仕事の継続・変化

　60 歳または定年到達を挟んでの仕事の継続・変化について、「JILPT 個人調査」では、「定年年齢または 60 歳に到達した際、仕事の内容が変わりましたか」という形で尋ねている。本稿で分析の対象とする、55 歳時点で雇用されていて、2019 年の 6 月時点でも、フルタイム勤務の雇用者として働いていた 60 ～ 64 歳の回答者 452 人の回答分布は、「変わっていない」（259 人、57.3%）が 6 割近くを占め最も多く、次に回答が多かったのが「同じ分野の業務ではあるが、責任の重さが変わった」（115 人、25.4%）である。「JILPT 個人調査」では責任の重さが軽くなったのか、重くなったのかは尋ねていないが、第 3 章で取り上げた「JILPT 企業調査」では、60 歳（定年）前後で、従業員の仕事上の責任が変わるケースが最も多いと答えた 38.8% の企業のうち、責任が重くなると答えた企業はわずか 0.4%（責任が変わると答えた企業の約 1%）なので、「JILPT 個人調査」で責任の重さが変わったと回答している回答者も、ほとんどが 60 歳または定年に到達した際に仕事上の責任が軽くなったものと推測される。

　定年年齢または 60 歳に到達した際、仕事の内容が「全く別の業務分野の仕事に変わった」という回答者は 48 人、「業務内容の一部が変わった」という回答者は 19 人で、両者を併せて、仕事が変わったという回答者の比率は、55 歳時点で雇用されていて、2019 年の 6 月時点でも、フルタイム勤務の雇用者として働いていた 60 ～ 64 歳の回答者の 14.8% に当たる。以下の分析では、これらの仕事が変わった回答者を 1 つのグループとして取り扱う。

　回答者自身の属性、担当している業務の内容、勤務先の従業員規模や業種、55 歳時点での勤務先に勤続し続けているか否かといった点における相違と、定年または 60 歳を挟んでの仕事の継続・変化との関連をクロス集計の形でまとめたものが、第 7-2-1 表となる。男性に比べると女性の方が定年又は 60 歳を挟んでも仕事の内容が「変わっていない」という比率が高い。これは業種において、「変わっていない」という回答の比率が他業種よりも高い医療・福祉や、サービス・複合サービスで、女性の比率が高いためと考えられる。年齢別の集計では、60 歳や 61 歳で回答の傾向が他の年齢と異なっているが、62 歳以降はほぼ同様の分布となっている。

第 7-2-1 表　60 歳又は定年到達を挟んでの仕事の継続・変化
: 60 代前半（60 ～ 64 歳）のフルタイム雇用者

（単位：%）

	計	変わっていない	同じ分野の業務であるが責任が変わった	業務内容が変わった	無回答
60 代前半雇用者計	452	57.3	25.4	14.8	2.4
【性別】					
男性	366	54.9	27.3	15.6	2.2
女性	86	67.4	17.4	11.6	3.5
【年齢】					
60 歳	112	66.1	*18.8*	12.5	2.7
61 歳	85	*44.7*	31.8	21.2	2.4
62 歳	99	57.6	24.2	16.2	2.0
63 歳	90	58.9	27.8	11.1	2.2
64 歳	66	56.1	27.3	13.6	3.0
【担当している業務の種類】					
管理的な仕事	42	54.8	26.2	14.3	4.8
専門的・技術的な仕事	131	59.5	26.7	12.2	1.5
事務的な仕事	68	*48.5*	33.8	14.7	2.9
販売の仕事	29	62.1	31.0	*3.4*	3.4
サービス・保安の仕事	52	67.3	9.6	23.1	0.0
生産工程の仕事	49	65.3	22.4	10.2	2.0
輸送・機械運転・建設・採掘の仕事	34	67.6	23.5	*5.9*	2.9
【従業員規模】					
9 人以下	45	75.6	*11.1*	13.3	0.0
10 ～ 29 人	53	73.6	*13.2*	*9.4*	3.8
30 ～ 99 人	76	61.8	25.0	10.5	2.6
100 ～ 299 人	82	41.5	39.0	18.3	1.2
300 ～ 999 人	71	49.3	29.6	19.7	1.4
1000 人以上	100	56.0	25.0	15.0	4.0
【業種】					
建設業	43	67.4	23.3	*9.3*	0.0
製造業	110	51.8	29.1	17.3	1.8
運輸・郵便業	37	59.5	27.0	10.8	2.7
卸売・小売業	51	56.9	*19.6*	19.6	3.9
学術研究・専門技術・教育学習支援	27	59.3	29.6	11.1	0.0
医療・福祉	42	64.3	*19.0*	11.9	4.8
サービス・複合サービス	48	70.8	*12.5*	14.6	2.1
【勤続の状況】					
55 歳当時と同じ会社などに勤めている	328	66.2	24.7	*7.3*	1.8
55 歳当時と別の会社に勤めている	124	*33.9*	27.4	34.7	4.0

注 1）集計の対象としているのは、55 歳時点で会社や組織に雇用され、2019 年 6 月時点でフルタイムの雇用者
として働く 60 ～ 64 歳の個人である。

2）網掛けをしている数字は、回答企業全体の比率より 5% 以上高いもの。斜字で下線を引いている数字は、
回答企業全体の比率より 5% 以上低いもの。

3）「担当している業務の種類」および「業種」について、該当者が少数（20 人以下）の業務および業種のク
ロス集計は、この表には掲載していない。

担当している業務の種類別に集計してみると、事務的な仕事の従事者が、集計した業務の中では「変わっていない」という回答の比率が最も低く、逆に「同じ分野の業務であるが責任が変わった」という比率が最も高い。販売の仕事の従事者も、事務的な仕事の従事者と同じく「同じ分野の業務であるが責任が変わった」という比率が3割を超えているのであるが、こちらは「変わっていない」という回答も約6割で「業務内容が変わった」という比率が目立って低い。

　一方、サービス・保安の仕事、生産工程の仕事、輸送・機械運転・建設・採掘の仕事は、集計した回答者全体に比べ「変わっていない」という比率が高く、7割近くに達している。これら「変わっていない」という比率が高いという点では共通している3つの業務の間にも、責任が変わった、あるいは業務内容が変わったという回答の分布においては、傾向の違いが見られる。サービス・保安の仕事の従事者は責任が変わったという回答の比率が約1割と他業務の従事者よりも低い反面、「業務内容が変わった」という回答の比率が他業務従事者よりも高い。これに対し、生産工程の仕事、輸送・機械運転・建設・採掘の仕事では、業務内容が変わったという回答者の比率はごく低い。60歳前後で仕事が変化する場合でも、業務（職種）により変化の傾向に違いがあることがうかがえる。

　回答者勤務先の従業員規模別の集計からは、「変わっていない」という比率は、勤務先の従業員規模による違いが大きく、特に30人未満の小零細企業では「変わっていない」という比率が高くなっていることがわかる。回答者勤務先の業種別の集計においては、先に触れたように、医療・福祉や、サービス・複合サービスに勤務する回答者で「変わっていない」という回答の比率が相対的に高いほか、建設業も同様に「変わっていない」という回答の比率が高くなっている。反面、製造業に勤務する回答者は、「変わっていない」の比率が、他の業種に比べて低い。

　55歳当時に雇用されていた企業に、2019年6月時点でも勤続しているか否かによる分布の違いはかなり大きく、特に「変わっていない」と「業務内容が変わった」の比率において違いが顕著である。勤続しているという回答者は66.2%が「変わっていない」と答えているのに対し、55歳当時とは異なる企業に勤めている、つまり55歳以降に転職の経験があるという回答者では33.9%と、勤続している回答者の約半分の比率にとどまる。他方で「業務内容が変わった」の比率は、勤続しているという回答者ではわずか7.3%であるのに対し、55歳以降に転職の経験があるという回答者では34.7%に達する。この数字は集計した回答者全体と比べても目立って高い。

　JILPT個人調査では、転職経験者が現在の勤務先に移るまでの経緯（何度転職をしたかといったことなど）や、直前の勤務先やそこでの仕事の状況についてはデータを集めていないため、55歳以降に転職の経験がある回答者の「業務内容が変わった」という回答の比率が、勤続している回答者における比率を、なぜ大幅に上回っているのかについて、より詳細なデータを基に裏付けることは難しい。ただ55歳以降に転職の経験がある124人のうち42.7%

にあたる 53 人は、59 〜 61 歳の時点で現在の勤務先に転職しており、60 歳前後で現在の勤務先に転職してきたこれらの人々が、転職によって勤務先の業種や担当する業務が変わったために、「業務内容が変わった」の比率が、55 歳以降に転職の経験がある回答者において高くなっているとの推測はできる。

第 3 節　60 歳又は定年到達を挟んでの仕事の継続・変化と仕事に対する満足度

　本稿で分析の対象とする仕事の満足度は、2019 年 6 月時点で行っていた仕事に対しての満足度であり、「JILPT 個人調査」の中では 5 段階の尺度を設けて尋ねている。2019 年 6 月にフルタイムで働いていた雇用者の回答結果は、第 7-3-1 表に示した通りであり、現在の仕事に満足している（「大いに満足している」＋「やや満足している」）回答者が 34.5%、「普通」が 50.2%、不満（「やや不満である」＋「大いに不満である」）という回答者が 14.8%である。

　第 7-3-1 表には、60 歳又は定年到達前後での仕事の変化の有無により、満足度に関する回答分布がどの程度変わってくるかも示している。それによると、60 歳又は定年到達前後で仕事が「変わっていない」という回答者と、「同じ分野の業務であるが責任が変わった」という回答者の間には、分布に大きな違いはない。しかし「業務内容が変わった」という回答者は、他の 2 つの回答者グループとは回答分布に違いがある。「業務内容が変わった」という回答者では、「普通」と答える回答者の比率が他の 2 つの回答者グループに比べて約 15 ポイント低く、その分、満足している回答者の比率が 15 〜 16 ポイントほど高い。

第 7-3-1 表　現在の仕事に対する満足度
: 60 歳又は定年到達前後の仕事の変化の有無による異同

（単位：%）

	計	大いに満足している	やや満足している	普通	やや不満である	大いに不満である	無回答
60 代前半雇用者計	452	13.3	21.2	50.2	10.8	4.0	0.4
変わっていない	259	11.6	20.5	52.1	11.6	3.9	0.4
同じ分野の業務であるが責任が変わった	115	13.0	20.0	53.0	10.4	2.6	0.9
業務内容が変わった	67	19.4	28.4	37.3	9.0	6.0	0.0

　以上のクロス集計の結果は、60 歳又は定年到達前後で仕事が変わることにより、仕事の満足度が高まる可能性を示唆しているが、第 2 節で見た通り、60 歳又は定年到達前後における仕事の変化の有無は、回答者の属性や担当する業務、勤務先の規模・業種などによって状況が異なっており、他方でこれらの属性や担当業務、勤務先の状況なども仕事の満足度に影響しうる。そこで、属性や担当業務、勤務先の状況などをコントロールした上でもなお、

60歳又は定年前後の仕事の変化が満足度に影響を及ぼすか否かについて、分析を行う。

　分析においては、満足度を目的変数、60歳又は定年到達前後における仕事の変化を説明変数とした、重回帰分析モデルを用いる。目的変数となる満足度については、第7-3-1表に示した各選択肢を「大いに満足している」＝5点〜「大いに不満である」＝1点として得点化する。また説明変数である60歳又は定年到達前後における仕事の変化については、「変わっていない」という回答者をリファレンス・グループとし、「同じ分野の業務であるが責任が変わった」、「業務内容が変わった」に該当する場合にそれぞれ1を付与するダミー変数として取り扱う。

　満足度に影響を与えうる事項と考えられ、統制変数として扱うのは、まず回答者の属性である「性別」と「年齢」、それから回答者の仕事に関わる「担当する業務」、「月収」、「雇用形態」である。また回答者個人に関わる事項として「働く理由」も、満足度に影響を与えると考えられるため統制変数に加えた。回答者の勤務先に関わる事項としては「従業員規模」、「業種」のほか、「従業員の体力等に対する会社側の配慮」を統制変数としている。それぞれの統制変数の扱いについては、第7-3-2表に示した。

第7-3-2表　60歳又は定年到達を挟んでの仕事の継続・変化と仕事に対する満足度との関係に関する多変量解析における統制変数の扱い

変数	変数の設定方法	変数	変数の設定方法
性別	男性＝1、女性＝0のダミー変数。	従業員の体力等に関する会社側の配慮	「体力等の衰えに対する勤務先の会社の配慮」についての回答を得点化。各選択肢を、「会社とは、仕事の内容について個人的に相談・面接する場が定期的にあり、その際、作業上の問題なども相談できるので、配慮してもらっている」＝3点、「仕事の内容に関する個人的相談の場は特にないが、契約の年度更新などの際に申し入れれば、職場で用いる文字の大きさや補助器具の購入、作業の速度などについては、見直してくれている」＝2点、「仕事の内容に関する個人的相談の場はあるが、体力や視力などの問題は個人的な問題として、特に配慮はしてもらえない」＝1点、「会社側は何も配慮（対応）してくれないので、必要な作業機器や什器などは自分で揃えている」＝0点として得点化し、「その他」は無回答扱いにしている。
年齢	回答者の年齢（60〜64歳）をそのまま値とする。		
働いていた理由	2019年6月時点で就業していた理由として、「経済上の理由」、「健康上の理由」、「いきがい、社会参加のため」、「頼まれたから」、「時間に余裕があるから」のそれぞれに該当している場合に1点を、該当しない場合は0点となるダミー変数。		
担当している業務の種類	「事務的な仕事」をリファレンスグループとし、「管理的な仕事」、「専門・技術的な仕事」、「販売の仕事」、「サービス・保安の仕事」、「生産工程の仕事」、「輸送・機械運転・建設・採掘・運輸・清掃・包装等」のいずれかに該当する場合に1となるダミー変数。		
雇用形態	2019年6月時点で雇用されていた勤務先で正社員として働いていた場合に1点、正社員以外の雇用形態で働いていた場合は0点となるダミー変数。	勤務先の従業員規模	2019年6月時点で雇用されていた勤務先の規模についての回答をダミー変数としたもの。1000人以上をリファレンスグループとし、「9人以下」、「10〜29人」、「30〜99人」、「100〜299人」、「300〜999人」のいずれかに該当する場合に1となる。
月収	2019年6月の賃金等収入（年金、給付金などの公的給付や財産収入、仕送りなどは除く）についての回答をダミー変数としたもの。15万円未満をリファレンスグループとし、「15〜20万円未満」、「20〜25万円未満」、「25〜30万円未満」、「30〜35万円未満」、「35〜40万円未満」、「40万円以上」のいずれかに該当する場合に1となる。	勤務先の業種	2019年6月時点で雇用されていた勤務先の業種についての回答をダミー変数としたもの。製造業をリファレンスグループとし、「建設」、「電気・ガス・水道・熱供給」、「情報通信」、「運輸・郵便」、「卸売・小売」、「金融・保険・不動産・物品賃貸」、「宿泊・飲食・生活関連・娯楽」、「学術研究サービス・専門技術サービス・教育学習支援」、「医療・福祉」、「サービス・複合サービス」のいずれかに該当する場合に1となる。

第7-3-3表が分析結果となる。なお本章における統計解析の分析結果表においては、10%有意水準で目的変数と有意な関係が認められる変数に印をつけている。60歳または定年到達前後において業務内容が変わった回答者は、変わらなかった回答者に比べて、様々な事項をコントロールしても、現在の仕事に対する満足度が、統計的に見て有意に高くなり、第7-3-1表のクロス集計で示唆された結果となった。また、同じ業務分野で責任が変わった回答者は、変わらなかった回答者に比べて、満足度が統計的に見て有意に高くなったり低くなったりといったことが認められなかった。

　つまり60代前半の雇用者にとって、60歳又は定年到達前後で仕事が変わらないことは、仕事や責任を変わることに比べて、必ずしも良い事態とはいえないのではないかということが、少なくともこの満足度の分析からは提起できる。分析に用いたJILPT個人調査では、60歳または定年到達前にどのような仕事をしていて、変化後の仕事とどういった関係があるのかといった点については十分なデータが得られていないため、早急に結論付けるのは避けるべきではあるが、むしろ60歳又は定年到達前後に仕事が変わったほうが、気分が一新されたり、新たな学びに向けてのモチベーションが高められたりといった理由で、仕事に対する満足度が高まるのかもしれない。

第 7-3-3 表　60 歳又は定年到達を挟んでの仕事の継続・変化と仕事に対する満足度との関係：重回帰分析

	β	t 値	有意確率
【定年または 60 歳に到達した際の仕事・責任の変化（ref. 変わっていない）】			
同じ業務分野だが責任が変わった	0.060	1.025	
業務内容が変わった	0.117	2.077	*
性別（男性＝1）	−0.028	−0.459	
年齢（60 〜 64 歳）	0.015	0.282	
【働いていた理由】			
経済上の理由	0.045	0.837	
健康上の理由	0.112	1.994	*
いきがい、社会参加のため	0.086	1.464	
頼まれたから	0.052	0.889	
時間に余裕があるから	−0.029	−0.520	
【担当している業務の種類（ref. 事務的な仕事）】			
管理的な仕事	0.003	0.037	
専門・技術的な仕事	−0.029	−0.351	
販売の仕事	−0.055	−0.757	
サービス・保安の仕事	−0.055	−0.690	
生産工程の仕事	0.018	0.229	
輸送・機械運転・建設・採掘・運輸・清掃・包装等	−0.083	−1.132	
雇用形態（正社員 =1）	−0.049	−0.799	
【月収（ref.15 万円未満）】			
15 〜 20 万円未満	0.021	0.275	
20 〜 25 万円未満	0.053	0.656	
25 〜 30 万円未満	0.136	1.744	
30 〜 35 万円未満	0.053	0.723	
35 〜 40 万円未満	0.048	0.736	
40 万円以上	0.214	2.588	*
従業員の体力等に関する会社側の配慮	0.228	4.050	***
【勤務先従業員規模（ref.1000 人以上）】			
9 人以下	0.044	0.696	
10 〜 29 人	0.015	0.221	
30 〜 99 人	−0.014	−0.200	
100 〜 299 人	−0.140	−2.099	*
300 〜 999 人	−0.032	−0.502	
【勤務先業種（ref. 製造業）】			
建設	−0.032	−0.454	
電気・ガス・水道・熱供給	0.117	2.043	*
情報通信	0.018	0.305	
運輸・郵便	−0.005	−0.069	
卸売・小売	0.029	0.404	
金融・保険・不動産・物品賃貸	0.016	0.276	
宿泊・飲食・生活関連・娯楽	−0.057	−0.907	
学術研究サービス・専門技術サービス・教育学習支援	−0.021	−0.329	
医療・福祉	0.033	0.519	
サービス・複合サービス	−0.016	−0.224	
定数		0.844	
R2 乗		0.229	
調整済み R2 乗		0.128	
N		327	

***＜.001　**＜.01　*＜.05　+＜.1

注 1) 定年または 60 歳に到達した際の仕事・責任の変化について無回答だった回答者、また「その他」と回答した回答者は、分析の対象から除外している。
　2)「性別」、「年齢」、「雇用形態」、「月収」について無回答だった回答者は分析の対象から除外している。
　3)「担当している業務」について無回答だった回答者、また「その他」と回答した回答者は分析の対象から除いている。
　4)「勤務先従業員規模」について無回答だった回答者、また「官公庁」と回答した回答者は、分析の対象から除外している。
　5)「勤務先業種」について無回答だった回答者、また「公務」、「その他」と回答した回答者は、分析の対象から除外している。

第3章では、高年齢者自身の意欲を低下させない、あるいは若・壮年層のモラールを低下させないといった、人事労務管理上の効果の点から、60歳定年以降仕事の内容を変化させない、あるいは60歳以降仕事の内容が変わらない65歳定年制が望ましいと考えられた。また、第5章では65歳以降の雇用・就業機会の拡大につながりやすいという社会的・政策的課題への対応という点から、同じく60歳定年以降仕事の内容を変化させない、あるいは60歳以降仕事の内容が変わらない65歳定年制が望ましいという結論が導かれた。しかし、60代前半雇用者の満足度に関する分析は、実際に働く高年齢者の立場からも、60歳定年以降仕事の内容を変化させない体制が、必ずしも望ましいとは言えないことを示唆しており、今後60歳以降の雇用・就業のあり方をどのように形作っていくかについて検討する際に留意しなければならない点を投げかけている。

　また第7-3-3表によれば、60歳または定年到達前後における仕事の変化の有無以外で、現在の仕事に対する満足度と統計的に有意な関係を持つ事項がいくつかあるが、中でも着目に値するのは、「従業員の体力等に関する会社側の配慮」である。この事項は仕事に対する満足度との間に統計的に有意な正の関係があり、勤務先が高年齢従業員の体力の衰え等について実態を把握し、対応するための取組みをより積極的に進めていると、雇用者が認識した場合に、雇用者の仕事に対する満足度がより高くなることを示している。この分析結果も、60歳以上の従業員を対象とする雇用・就業体制や人事労務管理について検討していく上で、留意しておくべきと言える。

第4節　60歳又は定年到達を挟んでの仕事の継続・変化と就業継続意向

　就業継続意向については、「JILPT個人調査」の「あなたは現在勤務している会社でいつまでも働けるとしたら、何歳くらいまで働きたいですか」という質問に対する回答結果を分析の対象とする。この質問に対しては、「x歳くらいまで働きたい」、「年齢に関係なく、働けるうちはいつまでも働きたい」、「わからない」の3つの選択肢が設けられており、1つを選択する形で回答する。また、「x歳くらいまで働きたい」と答えた回答者は、自分が働きたいと考える上限年齢・xを記載することとなっている。

　以下では各回答者の回答を、「x歳くらいまで働きたい」＝「年齢に上限のある就業継続意向がある」、「年齢に関係なく、働けるうちはいつまでも働きたい」＝「年齢の上限がない就業継続意向がある」、「わからない」＝「明確な就業継続意向がない」と捉え直して分析の対象とする。2019年6月にフルタイムで働いていた雇用者の回答分布は、「年齢に上限のある就業継続意向がある」が56.0%、「年齢の上限がない就業継続意向がある」が26.1%、「明確な就業継続意向がない」が17.7%であった（第7-4-1表）。

第 7-4-1 表　就業継続意向：60 歳又は定年到達を挟んでの仕事の継続・変化による異同

(単位：%)

	計	年齢に上限のある就業継続意向がある	年齢の上限がない就業継続意向がある	明確な就業継続意向がない	無回答
60 代前半雇用者計	452	56.0	26.1	17.7	0.2
変わっていない	259	52.5	29.7	17.8	0.0
同じ分野の業務であるが責任が変わった	115	63.5	16.5	20.0	0.0
業務内容が変わった	67	59.7	26.9	13.4	0.0

　また、年齢に上限のある就業継続意向がある回答者 253 人が、何歳くらいまで働きたいと考えているかについて集計してみると、64 歳以下が 5.9%（年齢に上限のある就業継続意向がある回答者 253 人における比率、以下このパラグラフにおいては同様）、65 歳が 42.7%、66 〜 69 歳が 9.9%、70 歳が 39.9%、71 歳以上が 1.6% で、65 歳と 70 歳に回答が集中していた。なお、この回答における最小値は 62 歳、最高値は 80 歳であった。

　60 歳又は定年到達前後の仕事の変化による異同をクロス集計で確認していくと（第 7-4-1 表）、「同じ分野の業務であるが責任が変わった」という回答者では、「年齢に上限のある就業継続意向がある」という回答の比率が 6 割を超え、他の 2 つの回答者グループよりも高い。特に「変わっていない」という回答者の比率に比べると、10 ポイント以上高い。反面、「同じ分野の業務であるが責任が変わった」という回答者では、「年齢の上限がない就業継続意向がある」という比率が 16.5% と、他の 2 つの回答者グループでは 3 割近くの比率を占めているのに対して低くなっている。ここでの「責任の変化」は前述したように、ほとんどは「責任が軽くなる方向への変化」と推測されるが、そうした仕事の変化により、60 代前半の雇用者の就業継続意向に対して、年齢上の目途が意識されやすくなっていることが予想される。

　以下では、仕事満足度に関する分析と同様、60 歳又は定年到達前後の仕事の変化の有無以外に、就業継続意向に影響を与えうる事項をコントロールした多変量解析を行い、60 歳又は定年到達前後の仕事の変化が、60 代前半のフルタイム雇用者の就業継続意向に影響を与えているかについて検証する。

　60 歳又は定年到達前後の仕事の変化と就業継続意向との関連に関する多変量解析は、2 段階に分けて行う。第 1 段階としては、明確な就業意向の有無を目的変数、60 歳又は定年到達前後における仕事の変化を説明変数とした、二項ロジスティック分析を実施する。目的変数は明確な就業意向のある場合、つまり「年齢に上限のある就業継続意向がある」か「年齢の上限がない就業継続意向がある」場合を 1 とし、「明確な就業意向がない」場合を 0 とするダミー変数である。また、説明変数である 60 歳又は定年到達前後における仕事の変化については、仕事満足度に関する分析と同様、「変わっていない」という回答者をリファレンス・グループとし、「同じ分野の業務であるが責任が変わった」、「業務内容が変わった」

に該当する場合にそれぞれ 1 を付与するダミー変数として取り扱う。統制変数も仕事満足度に関する分析と同様に、第 7-3-2 表に示した事項となり、変数の扱いも変わらない。

　60 歳又は定年到達前後の仕事の変化と就業継続意向との関連に関する多変量解析の第 2 段階は、明確な就業意向がある回答者に対象を絞り込み、その就業継続意向に年齢の上限があるか否かと、60 歳又は定年到達前後の仕事の変化との間の関連を検証する分析である。この分析では、「年齢に上限のある就業継続意向がある」場合に 1 点、「年齢の上限がない就業継続意向がある」場合に 2 点をとる目的変数を設定し、順序回帰モデルを用いる。説明変数である 60 歳又は定年到達前後における仕事の変化の扱いや、統制変数として用いる事項およびこれらの事項の変数としての取り扱いは、第 1 段階の二項ロジスティック分析と同じである。

　第 7-4-2 表に第 1 段階の二項ロジスティック分析の結果を、第 7-4-3 表に第 2 段階の順序回帰分析の結果を示した。

　第 7-4-2 表によると、明確な就業継続意向を持つことと、60 歳又は定年到達を挟んでの責任あるいは業務内容の変化との間には、統計的に有意な関係は見られない。つまり、60 歳又は定年到達を挟んで仕事が変わらない場合と比べて、責任や業務内容が変化することは、明確な就業継続意向を持つか否かには影響を与えていない。

　一方、明確な就業継続意向を持つ回答者に絞って、その就業継続意向が年齢による上限を設定されているかどうかが、60 歳又は定年到達を挟んでの仕事の継続・変化と関連を持つかについて分析した第 7-4-3 表においては、60 歳又は定年到達を挟んでの責任の変化と、上限年齢を設定しない就業継続意向を持つこととの間に、統計的に有意な負の関係が認められる。就業継続意向に影響を与えうる様々な事項をコントロールしても、第 7-4-1 表のクロス集計で示唆されたように、60 歳又は定年到達を挟んで仕事が変わらない場合と比べて、責任が変化することで年齢の上限がない就業継続意向を持ちにくくなる。逆に言えば、60 歳又は定年到達を挟んで仕事上の責任が変化することで、60 代前半の雇用者は、就業継続意向に年齢の上限を設定する傾向が強まる。

　先に見たように、年齢の上限がある就業継続意向を持つ回答者のほとんどは、65 歳または 70 歳に上限年齢を設定している。60 歳又は定年到達を挟んで仕事上の責任が変化する（軽くなる）ことで、60 代前半のフルタイム雇用者は、組織の中での自分の役割が小さくなっていくことを実感し、数年後に職業生活から引退する際のプロセスについて、より明確に想起できるようになるのかもしれない。

第 7-4-2 表　60 歳又は定年到達を挟んでの仕事の継続・変化と就業継続意向①
：明確な就業継続意向の有無との関連に関する二項ロジスティック分析

	B	Exp（B）
【定年または 60 歳に到達した際の仕事・責任の変化（ref. 変わっていない）】		
同じ業務分野だが責任が変わった	−0.212	0.809
業務内容が変わった	0.502	1.652
性別（男性＝1）	−0.277	0.758
年齢（60 〜 64 歳）	−0.103	0.902
【働いていた理由】		
経済上の理由	0.948	2.580
健康上の理由	0.965	2.624 +
いきがい、社会参加のため	0.303	1.354
頼まれたから	0.578	1.783
時間に余裕があるから	0.789	2.201
【担当している業務の種類（ref. 事務的な仕事）】		
管理的な仕事	0.465	1.593
専門・技術的な仕事	0.907	2.476
販売の仕事	−0.767	0.464
サービス・保安の仕事	1.228	3.414 +
生産工程の仕事	1.811	6.115 *
輸送・機械運転・建設・採掘・運輸・清掃・包装等	1.219	3.385
雇用形態（正社員 =1）	0.214	1.239
【月収（ref. 15 万円未満）】		
15 〜 20 万円未満	0.934	2.546
20 〜 25 万円未満	0.258	1.294
25 〜 30 万円未満	−0.017	0.983
30 〜 35 万円未満	1.245	3.474
35 〜 40 万円未満	1.969	7.163
40 万円以上	0.314	1.368
従業員の体力等に関する会社側の配慮	−0.297	0.743
【勤務先従業員規模（ref. 1000 人以上）】		
9 人以下	−0.227	0.797
10 〜 29 人	−0.538	0.584
30 〜 99 人	−0.936	0.392
100 〜 299 人	−1.358	0.257 *
300 〜 999 人	−0.625	0.535
【勤務先業種（ref. 製造業）】		
建設	0.027	1.028
電気・ガス・水道・熱供給	0.483	1.621
情報通信	0.030	1.031
運輸・郵便	−1.409	0.245 +
卸売・小売	2.372	10.714 *
金融・保険・不動産・物品賃貸	0.654	1.923
宿泊・飲食・生活関連・娯楽	−0.431	0.650
学術研究サービス・専門技術サービス・教育学習支援	0.987	2.683
医療・福祉	−0.535	0.585
サービス・複合サービス	−0.417	0.659
定数	7.033	1133.271
一 2 対数尤度		228.948
Nagelkerke R2 乗		0.251
N		328

***<.001 **<.01 *<.05 +<.1

注 1）就業継続意向について無回答だった回答者、また「その他」と回答した回答者は、分析の対象から除外している。

2）上記 1 以外に分析の対象から除外した回答者については、第 7-3-3 表の注 2 〜 5 に記した回答者と同様である。

第7-4-3表　60歳又は定年到達を挟んでの仕事の継続・変化と就業継続意向①
：就業継続意向における上限年齢の有無との関連に関する順序回帰分析

	B	Wald
【定年または60歳に到達した際の仕事・責任の変化（ref. 変わっていない）】		
同じ業務分野だが責任が変わった	−0.747	3.302 +
業務内容が変わった	−0.385	0.860
性別（男性＝1）	−1.073	5.883 *
年齢（60～64歳）	−0.008	0.006
【働いていた理由】		
経済上の理由	0.119	0.046
健康上の理由	0.466	1.650
いきがい、社会参加のため	0.336	0.971
頼まれたから	−0.241	0.198
時間に余裕があるから	0.335	0.601
【担当している業務の種類（ref. 事務的な仕事）】		
管理的な仕事	0.690	0.891
専門・技術的な仕事	0.830	2.043
販売の仕事	−0.512	0.421
サービス・保安の仕事	1.226	3.313 +
生産工程の仕事	1.041	2.104
輸送・機械運転・建設・採掘・運輸・清掃・包装等	0.209	0.096
雇用形態（正社員 =1）	0.333	0.920
【月収（ref.15万円未満）】		
15～20万円未満	−1.038	3.833 +
20～25万円未満	−0.222	0.186
25～30万円未満	−0.786	1.800
30～35万円未満	−0.202	0.103
35～40万円未満	−1.284	2.245
40万円以上	−1.122	3.099 +
従業員の体力等に関する会社側の配慮	−0.301	3.733 +
【勤務先従業員規模（ref.1000人以上）】		
9人以下	1.283	4.650 *
10～29人	0.866	2.305
30～99人	−0.029	0.003
100～299人	0.656	1.833
300～999人	0.211	0.182
【勤務先業種（ref. 製造業）】		
建設	0.209	0.123
電気・ガス・水道・熱供給	−1.321	1.245
情報通信	1.435	2.627
運輸・郵便	0.043	0.004
卸売・小売	0.272	0.241
金融・保険・不動産・物品賃貸	0.864	1.163
宿泊・飲食・生活関連・娯楽	−1.405	1.821
学術研究サービス・専門技術サービス・教育学習支援	−0.164	0.037
医療・福祉	−0.716	1.006
サービス・複合サービス	−0.451	0.501
ー2対数尤度	351.546	
Nagelkerke R2 乗	0.257	
N	278	

***＜.001 **＜.01 *＜.05 ＋＜.1

注1）明確な就業継続意向を持つ回答者（「x歳くらいまで働きたい」、「年齢に関係なく、働けるうちはいつまでも働きたい」と回答した回答者）を分析の対象としている。

2）1に該当する回答者のうち分析の対象から除外した回答者については、第7-3-3表の注2～5に記した企業と同様である。

統制変数としてモデルに組み入れた変数の中にも、就業継続意向に年齢による上限を設定しないことと統計的に有意な関係を持つものがいくつかある。そのうちの1つが、現在の仕事に対する満足度との間にも統計的に有意な関係が認められた「従業員の体力等に関する会社側の配慮」である。この事項は、現在の仕事に対する満足度とは正の関係を持っていたが、就業継続意向に年齢による上限を設定しないこととの間の関係は負の関係である。つまり、60代前半のフルタイム雇用者が、自らの体力の衰え等について会社側に相談し、対応策を求めることができる機会がより充実していると、現在の仕事に対する満足度は高まるが、年齢に関係なく働きたいだけ働くという意向を持つ可能性は低下（就業継続意向に上限年齢を設ける可能性は上昇）していく。自らの体力の衰え等について会社側に相談し、対応策を求めることができる機会がより充実することで、60代前半のフルタイム雇用者は、自らの体力や担当している仕事などについて振り返ったり、先々の職業生活について考えたりする機会が増え、就業継続意向に具体的な上限年齢を設定しようという意向が高まるものと考えられる。

第5節　結論

本稿では、2019年6月時点で就業していた60代前半層（60〜64歳）のフルタイム雇用者を対象に、60歳（定年）前後における仕事内容や仕事における責任の変化の有無が、現在の仕事に対する満足度や、就業継続意向といった、働きがいやモチベーションに関わる事項にどのような影響を及ぼすかについて分析を行った。

現在の仕事に対する満足度を目的変数とした重回帰分析からは60歳前後において仕事が変わらない場合よりも、仕事内容に変化が生じたほうが、現在の仕事に対する満足度が統計的に有意に高まるという結果が得られた。一方、仕事上の責任が変わるという経験をすることと現在の仕事に対する満足度との間には、有意な関係は見られなかった。

就業継続意向については、明確な就業継続意向を持つことと、60歳前後で仕事内容が変わること、あるいは仕事上の責任が変わることとの間には統計的に有意な関係は見られなかった。しかし、明確な就業継続意向をもつ回答者に絞って、就業継続意向の上限年齢を設定している／いないを左右する要因についての順序回帰分析を行ったところ、60歳前後で仕事が変わらないという雇用者に比べて、仕事上の責任が変わるという雇用者は、上限年齢を設定しない就業継続意向を持つ可能性が、有意に低くなった。

60歳前後における仕事の継続・変化と、仕事に対する満足度・就業継続意向との関連についての分析は、次のようなことを示唆すると思われる。分析の順番とは前後するがまず、就業継続意向に対する60歳前後での仕事の変化の影響に関する分析結果は、ほとんどは軽くする方向と推測される仕事上の責任の変化が、60代の従業員の引退に対する意識をより高めていると考えることができる。第3章でみたように、60歳定年の後に、仕事上の責任

を軽くしている企業は、より若い世代への技能やスキルの継承に配慮する傾向が強い。本稿の就業継続意向に関する分析の結果は、60歳以降仕事上の責任を軽くすることが、より若い世代への継承を促進しうることを、雇用者の意識の面からも裏付けている結果だといえる。このように考えると、60歳以降の仕事上の責任を軽くする企業の目的と、高年齢従業員における取組みの効果との間に齟齬がなく、今後もこうした取組みは多くの企業で継続されることが予想される。ただ、第5章の分析結果で示した通り、60歳定年の後に仕事上の責任を軽くする企業は、65歳以降の雇用機会を設けない傾向が他企業よりも強く、企業の人事労務管理上の観点から60歳定年の後に仕事上の責任を軽くする傾向が続くことと、65歳以降の雇用・就業機会の拡大という課題との関係をどのように取り扱っていくかが、大きな課題となろう。

　65歳以降の雇用・就業機会の拡大という課題を念頭に置いた時に、もう1つ、本稿における分析結果で留意する必要があるのは、仕事満足度との関連に関する分析結果である。本稿における分析からは、60歳前後で変わらず同じ仕事を担当することが、雇用者の立場からは必ずしも望ましいこととは言えないという点である。第3章や第5章で見たように、60歳前後で仕事の内容を変えずに60歳以上の高年齢従業員を雇用し続けることは、企業の人事労務管理の観点や、65歳以降の雇用機会を拡大するという政策的・社会的課題の解決を重視する観点からは、望ましいことと考えられる。しかし、企業の人事労務管理上より望ましいアウトカムや、あるいは政策的・社会的課題の解決を目指していく中で、実際に働いている高年齢者の仕事・就業に対する評価や、それらに対するニーズを看過してはならないという点を、60歳前後における仕事の継続・変化と、仕事に対する満足度との関連に関する分析結果からは、敷衍することができる。

　もし、60歳以上の従業員により長く仕事やキャリアの継続を求めるのならば、そのことによって実際に働く従業員の労働意欲やモチベーションを損なわないための施策の整備も必要となるだろう。仕事への満足度に関する分析において、現在の勤務先が従業員の体力等への配慮をより講じてくれると回答した雇用者ほど、60歳前後での仕事上の変化に関わらず満足度が有意に高まったが、この結果は、65歳まであるいは65歳以降の雇用・就業機会を拡充していくことと、60代の雇用者が高い意欲をもって働くこととを両立させる取組みを考えていく上で、留意すべきであろう。

　ただ、就業継続意向に関する分析からは、勤務先に従業員の体力等への配慮をより講じてくれると回答した雇用者ほど、就業継続意向に上限年齢を設けやすくなるという点も明らかになった。この結果を踏まえると、仕事への高い満足度と、より長期にわたって働き続けたいという意向を両立し、高年齢者がより意欲の高い状態で、より長く働くことができることを目標とするならば、現在よりも高い年齢に至るまでの雇用・就業を見すえた企業と高年齢従業員の間のコミュニケーションや、コミュニケーションを土台とする人事労務管理施策を推進していく必要があると思われる。

終章　要約とインプリケーション

　本報告書では、65 歳までの雇用・労働が社会的に定着、普及し、70 歳までの継続雇用に向けた制度設計が議論されていることを背景に、企業側の視点（第 2 章～第 5 章）と労働者側の視点（第 6 章、第 7 章）の双方から、高年齢者の働き方の現状と課題を明らかにした。使用したデータは、第 2 章が 2010 ～ 2019 年の厚生労働省『高年齢者の雇用状況』のデータ、第 3 章～第 5 章は 2019 年に労働政策研究・研修機構（JILPT）が企業を対象に実施した『高年齢者の雇用に関する調査（企業調査）』データ、第 6 章、第 7 章は同じく 2019 年にJILPT が高年齢者個人を対象に実施した『60 代の雇用・生活調査（個人調査）』である。各章の分析結果から得た知見の要約、及び政策的インプリケーションは、以下の通りまとめられる。

第 1 節　各章の知見の要約

第 1 章の知見

　第 1 章では、本報告書全体の社会的背景と研究目的、特徴、構成を示した。まず、高年齢者雇用・就業をめぐる状況を概観し、JILPT で行ってきたこれまでの調査研究の流れと成果概要、高年齢者雇用・就業をめぐる課題について説明した。そして、本報告書の特徴 2 点（① 60 代前半の継続雇用に関する調査・研究を踏まえて、その成果と有機的・体系的な連関の下に 65 歳以降の雇用・就業に向けた現状と課題を体系的に明らかにしたこと、②この課題に対して、企業視点と労働者視点の双方からアプローチしたこと）を挙げ、各章の概要と関係を述べた。

第 2 章の知見

　65 歳までの継続雇用の対象を原則希望者全員とした 2013 年の改正高年齢者雇用安定法の施行が、企業の 60 代前半層の雇用に対して与えた影響を分析した。まず 2013 年法改正の影響を受けた企業の傾向として、情報通信業や金融・保険業、学術研究、専門・技術サービス業、卸売・小売業、常用労働者数が多い企業、組合のある企業という特徴が挙げられた。そして、2013 年法改正の影響を受けた企業群では、法改正が行われなかったと仮定した場合に比べて、60 ～ 64 歳の常用労働者数が 2012 年からの 7 年間で 1 企業あたり約 2.7 人、64 歳までの全常用労働者に占める 60 ～ 64 歳層の比率が約 0.8% 増加したことがわかった。また、2010 年代にどのような企業で 65 歳以上の常用労働者比率が増加したのかを分析すると、運輸業や郵便業、飲食サービスなどの対人サービス業、組合が組織されていない企業、そして中小企業で増加率が高いことがわかった。

第3章の知見

　60代前半（65歳まで）の雇用継続体制の多様性に着目し、3つのタイプ（① 60歳定年を境に仕事上の責任や仕事の内容が変わる「60歳定年制＋変化タイプ」、② 60歳定年を境に仕事上の責任や仕事の内容が変わらない「60歳定年制＋無変化タイプ」、③「65歳定年制タイプ」）に整理した。そして、高年齢者の仕事や賃金に対する企業の考え方や評価、及び60代前半層の雇用面の課題について、3タイプで比較分析を行なった。その結果、①に比べて、②や③は60代以上の高年齢従業員の労働意欲の低下という課題が、③は若・壮年層のモラール低下という課題が、指摘されにくいことがわかった。また、技能やノウハウの継承に対する姿勢が①と他の2タイプを分けており、前者はこの点を配慮している企業が多いのに対して、後者は特に配慮していない企業が多かった。

第4章の知見

　企業の60歳代前半層の平均賃金と雇用確保措置、賃金配分に対する考え方、就業継続体制との関連を分析した。すると、定年延長採用企業は、継続雇用採用企業よりも、60代前半の平均賃金が12.8%高かった。また、定年延長採用企業のほうが、高年齢者の賃金引き下げに批判的であり、全体としての賃金・評価制度に基づく賃金決定を志向する傾向があった。過去の賃金や現在の職務・人的資本を重視する企業は、60代前半の平均賃金が相対的に高いのに対して、在職老齢年金や高年齢者雇用継続給付の受給状況を最も重視する企業では、平均賃金が減少していた。定年前後の仕事や責任の変化と賃金の関係については、仕事の責任が軽くなる場合は4.2%、異なる仕事に従事する場合は6.6%、平均賃金が減少していた。

第5章の知見

　65歳以上の労働者の雇用について、企業の体制や方針を左右しうる要因について検討した。分析の結果、第3章で提示した①（60歳定年制＋変化タイプ）では、65歳以降も働くことができる体制がとられにくいのに対して、③（65歳定年制タイプ）では、そのような体制が採られやすく、且つ希望者全員が働ける企業が多いことがわかった。また、希望者全員が働ける体制を採っている企業は、実際の雇用確率が高いことも確認された。さらには、個別面接や評価等の人事管理施策が、65歳以降の雇用の際の従業員選抜につながっていることが示唆された他、高年齢雇用継続給付を受給する従業員の賃金の調整度合いが高い企業ほど、65歳以降も働くことができる確率が高いことも明らかになった。

第6章の知見

　60～64歳の労働者個人の就業理由に注目し、高年齢者自身が就業に何を求めているのか、どのような高年齢者が就業に「生活のため」だけではない理由を見出すのかを明らかにした。

まず潜在クラス分析の結果、60〜64歳男性の就業理由は、4つのタイプ（①「生活維持」のみ、②「生活維持」＋「いきがい」、③「頼まれた」、④「健康に良い」＋「時間余裕」＋「いきがい」）に分けることができた。この4タイプとキャリアの関連を分析すると、55歳時に所属していた企業の規模が小さいほど、①のみになりやすいのに対して、55歳時に大企業、官公庁の正社員だった男性や貯蓄額に余裕がある男性は②になりやすいことがわかった。ただし、55歳以降のキャリアの違いは、それぞれのタイプへの所属とあまり関係がなかった。

第7章の知見

　第3章、第5章でも注目した60歳（定年）前後における仕事内容や仕事における責任の変化の有無が、高年齢者個人の現在の仕事満足度や、就業継続意向に及ぼす影響を分析した。その結果、60歳前後で仕事内容に変化が生じた人は、変わらない人よりも、仕事に対する満足度が高かった。他方、責任の変化の有無と仕事満足度との間、並びに仕事内容や責任の変化と明確な就業継続意向を持つこととの間には、有意な関連がなかった。ただし、明確な就業継続意向を持つ高年齢者に限定し、就業継続の上限年齢の有無について分析すると、60歳前後で仕事上の責任が変わる人は、変わらない人に比べて、上限年齢を設定している傾向が見られた。

第2節　政策的インプリケーション

　各章の分析結果を総合的に踏まえると、次の5つの点から、政策的インプリケーションを導くことができる。
①　70歳までの就業機会確保の義務化が促進された際の企業の対応
②　65歳以降の雇用・就業機会の拡大に向けた人事労務管理
③　公的給付
④　60歳（定年）前後で仕事等を変えることは是か非か（企業、個人双方の視点から）
⑤　高年齢期の格差

1．70歳までの就業機会確保の義務化が促進された際の企業の対応

　2021年4月に施行された高年齢者雇用安定法の改正では、企業に70歳までの就業機会確保を努力義務とする規定が盛り込まれている。この流れは、65歳までの雇用確保を義務化した時と同様であり、70歳までの就業確保を義務化する方向で進められている。70歳までの継続雇用を制度的に促進することが、企業と個人の働き方にどのような影響を与えるかについて、65歳までの雇用義務化に関する研究結果から、多くの示唆を得ることができる。
　第2章の分析結果を踏まえると、70歳までの就業機会の確保を義務化した場合も、企業

は 65 歳の雇用義務化時と同様の行動を採ることが予想される。2010 年代には運輸業や対人サービス業といった産業、あるいは小規模企業や労働組合が組織されていない企業で 65 歳以上の雇用がかなり増加している。つまり需要に対して労働力の供給が不足している企業が、年金だけでは十分な生活が賄えない一定数の高年齢者を雇用した結果、既に 65 歳以上の就業はある程度伸びていると思われる。その上で法改正によって 70 歳までの就業確保を義務化すれば、金融業等や中堅・大企業、組合が組織化されている企業が、何らかの方法で 65 歳以降の継続雇用を図る体制を整備することもあるだろう。

　ただし、市場全体の影響を測る際は、世代効果と影響を受ける企業の数に留意する必要がある。65 歳までの義務化時と違い、団塊世代は既に 70 歳を超えているので、継続雇用にかかる人件費総額が低く見込まれるとすれば、企業にとって導入の障壁は低いと考えられる。しかし他方で、70 歳まで希望すれば働ける企業は 2019 年の段階で全体の 1 割ほどのため、相当の数の企業が継続雇用等に伴う賃金・人事制度の見直しを迫られることも予想される。

2．65 歳以降の雇用・就業機会の拡大に向けた人事労務管理

　このように、一定数の企業は 70 歳までの就業確保の義務化とは関係なく市場メカニズムにより 65 歳以上の高年齢者を雇用し、その他の企業は義務化の影響を受けて 65 歳以降の継続雇用を進めることが予想される。ただしこれはあくまで雇用する労働者の数にのみ焦点を当てた場合の話である。各企業は継続雇用を導入した際の人件費負担を考慮し、高年齢従業員の賃金や仕事内容、仕事上の責任の重さを工夫するなどの対応を迫られることになる。

　65 歳以降の就業機会の一層の拡大を目標に、65 歳以降の就業機会を設ける企業を増やそうとする場合、あるいは 65 歳以降に雇用され続ける従業員の範囲を拡大しようとする場合に、まず着目すべきは、65 歳までの雇用継続体制である（第 5 章）。第 3 章で区分した 3 つのタイプのうち、①（60 歳定年制＋変化タイプ）の企業では、②（60 歳定年制＋無変化タイプ）や③（65 歳定年制タイプ）に比べて、65 歳以降働き続けることができる体制が生まれにくい。したがって、60 歳前後で仕事内容や責任を変えないという雇用継続のあり方へと変えていくことが、65 歳以降の雇用、就業機会の拡大に寄与するのではないだろうか。

　①から②や③への移行の促進に必要な取り組みを考える上で、第 3 章の分析から多くの示唆が得られる。第 3 章では、継続雇用体制に関する 3 タイプの中で各企業がどのタイプに属するかを規定する要因を分析したが、そこでの重要な発見は、「技能やノウハウの継承」という役割の強調により、60 歳以上の高年齢従業員が、定年を挟んで同じ仕事内容や役割を継続し長く働く機会が狭められている可能性があるという点である。また、60 歳以上の従業員の賃金に対する考え方として、賃金原資の年齢層間・世代間配分を重視するよりも、年齢に関わらず仕事内容や役割、評価に即して決定していくための制度の導入が、65 歳以降の雇用・就業機会の拡大につながると考えられる。

　ただし、これらはあくまで 65 歳以降の雇用機会のさらなる拡大に向けたインプリケーシ

ョンであり、それぞれの企業は、実際には、組織全体の年齢構成や賃金の配分、人材の配置、組織全体や部門の業績（パフォーマンス）等を考慮しながら、高年齢者の雇用維持・確保を実現するという難しい課題の解決を迫られる。この点を論じる上で必要なのは、高年齢者を継続雇用することによる企業全体の採用や賃金への影響を検証することである。両者の因果関係を厳密に検証することは難しいが、検証に必要なデータの取得から取り組むことで、解明に近づいていきたい。

3．公的給付

　第4章、第5章の分析から、公的給付のあり方に関するインプリケーションが導かれる。第4章では、60歳到達時の賃金水準を考慮する企業に比べて、在職老齢年金の受給状況を最も重視する企業では10.8%、高年齢雇用継続給付の受給状況を最も重視する企業では8.3%、60代前半層の平均賃金が低いことがわかった。賃金水準の決定において公的給付を最重視する企業は全体として少数だが、特に高年齢雇用継続給付の受給状況を最も重視する企業では、ほとんどの企業において賃金が下落しており、下落幅も大きい点は注目すべき結果といえよう。

　ただし同時に、公的給付を重視する企業では、より高年齢の従業員を雇用している傾向も確認された。例えば、高年齢雇用継続給付を受給する従業員の賃金を調整する度合いがより高い企業ほど、65歳以降も働くことができる体制を採っている（第5章）。また、このような企業では、現在の高年齢雇用継続給付が65歳以上を対象としないことを評価していない点から、給付対象の拡充を望んでいることが示唆される。これらは、高年齢期の賃金低下による引退を防止し就業を促進するという本来の公的給付の目的を支持する結果と言える。したがって、65歳以降の雇用・就業機会を創り出し、拡大するという観点からすると、負担能力が低い企業の高年齢従業員に対して公的な所得保障を充実させるためには、高年齢雇用継続給付が今後も必要である。

　しかしながら、公的給付による就業促進が長期的にも効果を持つかどうかは、本報告書の実証分析の範囲を超えており、判断には慎重を要する。高年齢雇用継続給付の効果は、高年齢者への支払賃金の低下によって労働需要の増加をもたらす雇用補助金としての効果であり、高年齢者の手取り賃金を上げることによる労働供給の増加の効果はほとんどない（小川1998、樋口・山本2002）。仮に需要が増加したとしても、企業が支払う賃金を引き下げ過ぎ、手取り賃金が高年齢者の留保賃金を上回らなければ、実際の就業には結びつかないことも想定される。つまり、高年齢雇用継続給付への依存度が高まることは、結局のところ、65歳以降の雇用・就業機会の創設・拡大の可能性を狭めることもあり得る。この点は、65歳以降の雇用がより拡大した今後のデータを分析することで、実証的に確認したい。

4．60歳（定年）前後で仕事等を変えることは是か非か（企業、個人双方の視点から）

　本報告書の特徴の一つは、60歳（または定年）前後の仕事内容や責任の変化が雇用・就業に与える影響について、企業（第3章、第5章）と個人（第7章）双方の視点から分析を試みた点である。それらの結果を総合的に見た時、60歳（定年）前後で仕事等を変えることは是か非かという問いへの回答は、何を目標とするかによって異なることが明らかになった。

　65歳以降の雇用機会を拡大するという政策的・社会的課題の解決を重視する観点からすると、60歳前後で仕事内容を変えずに従業員を雇用し続けることが望ましい。反対に、高年齢者個人の仕事満足度に目を向けると、60歳前後の仕事内容に変化がないことが、調査時（高年齢期）の就業状況を統計的に統制しても、満足度にマイナスの効果を持っている。つまり、60歳前後の仕事に変化がないことは、被雇用者の立場からは必ずしも望ましいこととは言えない。

　さらに、高年齢者の就業継続意向に注目すると、60歳前後での仕事上の責任の変化は、企業の意向にも個人の意向にも沿った帰結をもたらしている。60歳前後での仕事上の責任の変化が概ね軽くする方向だと仮定すると、責任を軽減させる企業は、65歳以降の雇用機会を設けず、60代前半の従業員に対して、若い世代への技能・スキルの継承を期待している傾向がある。同時に、仕事の責任が軽くなった個人も一定の年齢での引退を望んでおり、責任の軽減が若い世代への技能継承を促進しうることを、雇用者の意識の面からも裏づけられる。

　定年等を契機として仕事の中身や責任を変えるか否かは、企業の人事労務管理の問題であり、当然ながら最終的には各企業の判断に委ねられる。しかしもし65歳以降の雇用・就業機会の拡大という課題を社会的に重視するならば、実際に働く高年齢従業員の労働意欲やモチベーションを損なわないための仕事管理以外の施策の整備も必要だろう。第7章の結果から導かれる具体的な方策としては、従業員の体力等への配慮を講じるための施策や、現在よりも高い年齢に至るまでの雇用・就業を見据えて、企業と従業員間のコミュニケーションを促進することなどが挙げられる。

5．高年齢期の格差

　高年齢者個人のデータを分析した第6章、第7章の結果は、高年齢期の就業、キャリアの格差が、現役期のキャリアに強く規定されることを示している。高年齢期はそれまでに蓄積された経済的・社会的な有利／不利が発露されるライフステージであり、現役期の格差がより広がることが指摘されてきた（累積的有利／不利（cumulative advantage/disadvantage）仮説）。実際に、日本の先行研究でも、個人所得や世帯所得、資産の格差が、男性の現役期の職業キャリアで説明されている（野呂2001、木村2002、麦山2018）。本報告書の結果は、現役期のキャリアが、高年齢期の就業理由や定年前後の移行を含む高年齢

期キャリアにも影響していることを確認するものとして位置づけられる。一方で、高年齢期の就業理由と、60歳（定年）以降のキャリアとは関連が見られないことから、高年齢期のキャリアの変遷は、格差に大きく影響するものではないとも言えよう。

　今後を見据えると、現役期に格差社会を経験してきた世代が続々と高年齢期を迎えるため、高年齢期の格差は今まで以上に顕在化するだろう。現行の日本の雇用システムが維持される限り、現役期に積み重ねられた格差を高年齢期に是正することは、かなり難しそうである。この社会的課題に対して、本報告書の結果から処方箋のような施策を見出すことは無理があるため、この点も今後の研究課題としたい。まずは、具体的な政策を講じる前に、格差自体の是正を図るべきか、あるいは健康上のリスクを抱える高年齢期においても誰もが安心して能力が発揮できる就業機会が適宜提供される社会を築くべきかといった、目指すべき社会を議論することが求められる。

第3節　今後の課題

　年金の受給開始年齢の引き上げや高年齢者雇用安定法の改正を機に、65歳までの雇用・労働は定着し、65歳以降の就業も進みつつある。本報告書では、企業の継続雇用体制や個人の高年齢期キャリアの視点から、高年齢者の働き方の現状と課題を分析した。特に、60代前半の継続雇用に際して、企業がどのような人事施策を展開し、それが企業と個人双方にどのような影響をもたらしているのかを実証的に明らかにした点や、それらの分析と65歳以降の雇用・就業の現状分析をもとに、70歳までの就業確保の義務化に向けた政策が社会にどのような影響をもたらすかについて論じた点は、既存研究とは異なる本研究の貢献と言えるだろう。

　しかしながら、本報告書の分析視点は、高年齢期における同一企業での継続雇用を中心としており、分析対象も60歳以降の高年齢者全体を捉えているとは言い難い。これを踏まえ、最後に、今後の研究課題を指摘しておきたい。なお、既に上記第2節の2（65歳以降の雇用・就業機会の拡大に向けた人事労務管理）では、高年齢者の継続雇用が企業全体の採用や賃金に与える影響に関する実証研究が、3（公的給付）では、公的給付の長期的影響に関する実証研究が不足していることを課題として挙げている。また、5（高年齢期の格差）では、格差問題の観点から、目指すべき社会、つまり年齢に関わらず誰もが安心して働くことができる社会とはどのような社会かについて、俯瞰的な議論が不足している点を指摘した。ここでは、これら以外の研究課題を述べたい。

　まず、高年齢期における非正規労働者や自営業者の就業状況、キャリアを分析しなければならない。先に述べた通り、本報告書の各章の分析は、主に常用労働者、または正規雇用者に対する企業の人事制度や、個人の高年齢期キャリアに焦点を当てている。しかしながら、高年齢期に非正規労働者として働いている人々は、近年増加の一途を辿っている。また、自

営業者として働いてきた人は、以前から高年齢期も継続的に就業し続けている。2021年4月施行の改正高年齢者雇用安定法でも、70歳までの就業確保措置として継続雇用等の従来の措置に加え、フリーランスや起業による就業を含む新たな措置を設けることを努力義務としているが、そもそも実態が十分に把握されていない。したがって、正規から非正規への転換も踏まえた継続雇用体制や、自営業も含めた高年齢期における職業キャリアと引退、正規と非正規間あるいは被雇用者と自営業者の格差といった点を明らかにしなければ、高年齢期における雇用・就業の全体像を把握したことにはならないだろう。

これに関連して、高年齢期における転職（職業移動）の実態を解明することも重要である。継続雇用は、子会社や関連会社への出向も含むが、その多くは同一企業において働き続けるための体制に注目したテーマである。しかし、正規から非正規雇用への転換、非正規雇用間の転職など、高年齢期は若年期と並んで職業移動が頻繁に生じる時期でもある。これまでにも、高年齢期における離職や労働市場からの引退を扱った研究は行われてきたが（麦山2018、森山2020など）、60歳前後の長期的スパンにおける職業移動については、研究蓄積がほとんどない。経済的な理由で就業し続けなければならない人々に対する外部労働市場の整備という政策的観点、及び2021年4月施行の改正法に、70歳までの就業確保措置として、他企業への再就職も含まれている点からも、職業経歴データやパネルデータを用いた実態把握と政策効果の検証が求められる分野と言えよう。

さらには、女性の高年齢期キャリアも、研究がほとんど行われていない。日本的雇用慣行や男性稼ぎ主モデルといった日本の特徴からか、これまでの高年齢者研究は、現役期に正規労働者として働いてきた男性とその家族を念頭においたものが主流であった。しかし現在では、年金支給開始年齢の引き上げや年金受給額の減少、女性の社会進出を背景に、高年齢女性の就業も進んでおり、今後もさらに増加するだろう。近年は、女性のキャリアや家族形成を長期間にわたって把握できるデータが整備されつつあり、それらを分析することで、所得や高年齢期の就業機会、キャリアにおけるジェンダー格差といった実態の解明が可能になってきている。働く意欲と能力のある人が年齢や性別を問わず働き続けるために必要な社会制度・政策とは何かについて議論を深めるために、これらの研究課題の探究を進めたい。

参考文献

小川浩（1998）「年金・雇用保険改正と男性高齢者の就業行動の変化」『日本労働研究雑誌』461, pp.52-64.

木村好美（2002）「『過去の職業』による老後の所得格差」『理論と方法』17(2), pp.151-165.

樋口美雄・山本勲（2002）「わが国男性高齢者の労働供給行動メカニズム：年金・賃金制度の効果分析と高齢者就業の将来像」『金融研究』第21巻別冊第2号, pp.31-77.

野呂芳明（2001）「職業キャリアと高齢期の社会階層」平岡公一編『高齢期と社会的不平等』

東京大学出版会 , pp.111-132.

麦山亮太（2018)「職業経歴の影響にみる高齢層の経済格差：所得と資産の規定要因に関する男女比較から」阪口祐介編『2015 年 SSM 調査報告 6 労働市場 1』2015 年 SSM 調査研究会 , pp.1-27.

森山智彦（2020)「職業経歴における現役期から高齢期への移行と引退」尾嶋史章・小林大祐編『無業の多様性とその影響』科学研究費補助金基盤研究 (B) 研究成果報告書（17H02761), pp.111-134.

労働政策研究報告書　No. 211
70歳就業時代の展望と課題
　　─企業の継続雇用体制と個人のキャリアに関する実証分析─

発行年月日　　２０２１年６月１８日
編集・発行　　独立行政法人　労働政策研究・研修機構
　　　　　　　〒177-8502　東京都練馬区上石神井 4-8-23
　（照会先）　研究調整部研究調整課　TEL:03-5991-5104
　（販売）　　研究調整部成果普及課　TEL:03-5903-6263
　　　　　　　　　　　　　　　　　FAX:03-5903-6115
印刷・製本　　株式会社相模プリント